# Paleo
## FÜR SCHOKOLADEN-FANS

**80** GLUTENFREIE süße Verführungen

*Rezepte und Fotos von*
## KELLY V. BROZYNA

Die Originalausgabe erschien unter dem Titel:
The Paleo Chocolate Lovers' Cookbook
ISBN 978-1-936608-12-6

Copyright der Originalausgabe 2013:
Copyright © 2013 by Kelly V. Brozyna. All rights reserved.

Alle Texte © Kelly V. Brozyna, mit Ausnahme von „Wissenschaft, Geschichte und Ethik" von Andrew Brozyna.
Alle Fotos © Kelly V. Brozyna, mit Ausnahme von: iStockPhoto, S. 12 und 23; Shutterstock, S. 14, 214; The Library of Congress, Nachdrucknummer: LC-USZ62-98874, S. 17; Bibliothèque Nationale de France, S. 18 und Found Image Press, S. 20.
Umschlagdesign, Innengestaltung und Illustrationen von Andrew Brozyna.

Copyright der deutschen Ausgabe 2014:
© Börsenmedien AG, Kulmbach

Übersetzung: Birgit Irgang
Covergestaltung: Johanna Wack
Gestaltung, Satz und Herstellung: Martina Köhler
Lektorat: Hildegard Brendel
Druck: Stürtz GmbH, Würzburg

ISBN 978-3-86470-208-2

Alle Rechte der Verbreitung, auch die des auszugsweisen Nachdrucks,
der fotomechanischen Wiedergabe und der Verwertung durch Datenbanken
oder ähnliche Einrichtungen vorbehalten.

Bibliografische Information der Deutschen Nationalbibliothek:
Die Deutsche Nationalbibliothek verzeichnet diese Publikation in der
Deutschen Nationalbibliografie; detaillierte bibliografische Daten
sind im Internet über <http://dnb.d-nb.de> abrufbar.

Postfach 1449 • 95305 Kulmbach
Tel: +49 9221 9051-0 • Fax: +49 9221 9051-4444
E-Mail: buecher@boersenmedien.de
www.books4success.de
www.facebook.com/books4success

# Inhalt

VORWORT .................................. 5

DANKSAGUNGEN ......................... 7

EINLEITUNG ............................... 9

ERSTE SCHRITTE
    Zutaten .................................. 13
    Techniken und Problemlösung ......... 15
    Ausstattung ............................. 17
    Geschmackstest für gekaufte Schokolade .... 17

WISSENSCHAFT, GESCHICHTE UND ETHIK
    Kakao: Botanik in Kürze ............... 21
    Geschichte ............................. 23
    Kakaoanbau ............................ 24
    Schokoladen-Herstellung .............. 26
    Gesundheitlicher Nutzen .............. 27
    Mythen ................................. 29
    Bio und fairer Handel ................. 30
    Zur weiteren Lektüre .................. 30

REZEPTE
    Frühstück .............................. 32
    Kuchen und Torten .................... 56
    Kekse und Kleingebäck ................ 86
    Puddings, Pies und Pasteten .......... 114
    Eis ..................................... 140
    Getränke .............................. 156
    Kleine Köstlichkeiten ................. 170
    Leckere Hauptgerichte ................ 202

INDEX ..................................... 222

# Vorwort

Ich bin ein großer Fan von Kelly. Ich liebe ihre Rezepte, insbesondere ihre Schokoladen-Kreationen, und bin deshalb begeistert, dass sie mit „Paleo für Schokoladen-Fans" ihr viertes Buch innerhalb von vier Jahren geschrieben hat.

Ich habe einen ganzen Sommer mit Kellys letztem Buch, „Dairy-Free Ice Cream", verbracht und bin der Ansicht, dass es das maßgebliche Werk über Eisherstellung nach den Paleo-Prinzipien ist. Kellys Eiscremes bestehen aus Kokosmilch, Hanfsamen und natürlichen Süßungsmitteln, auch wenn man das angesichts des Geschmacks kaum vermuten würde. Sie schmecken wirklich genau wie normales Eis.

Es wird sicher Menschen geben, die behaupten, dass Eis nichts mit der Steinzeit-Ernährung zu tun hat: So etwas haben die Höhlenmenschen nicht gegessen! Ja, das stimmt. Trotzdem esse ich Eiscreme und genieße Kellys tolle Versionen dieses beliebten Desserts – eine Leckerei, nach der wir uns an einem heißen Sommertag alle sehnen.

Ich bin also, wie gesagt, von Kellys Buch, „Dairy-Free Ice Cream" begeistert; doch ihr neues Buch, „Paleo für Schokoladen-Fans", liebe ich noch viel mehr.

Vermutlich wird es Ihnen schwer fallen, herauszufinden, welches der Rezepte in diesem sagenhaften Buch Ihr Favorit ist – ich finde sie einfach alle toll. So wird es Ihnen auch gehen, ob Sie nun „Schokotorte mit Keksboden", „Mokka-Trüffel", „Pfefferminz-Schoko-Brownies" oder „Schoko-Salzkaramell im Schinkenmantel" zubereiten.

Wir nehmen zu Hause sehr reine, naturbelassene und handfeste Nahrung zu uns. Doch wir genießen gelegentlich die Nascherei. Mein Ehemann und meine Kinder sind ganz begeistert, wenn Schokolade auf den Tisch kommt. Deshalb ist dieses Buch perfekt für uns geeignet. Meine Familie bekommt Frühstücksgerichte, Brote, Hauptgerichte (wie das „Würzige Schokoladen-Curry") und Desserts, die einfach klasse schmecken, und ich weiß, dass ich ihnen Speisen auftische, die deutlich nährstoffreicher sind als die amerikanische Durchschnittskost.

Kelly, ich gratuliere dir zu einer herausragenden Rezeptsammlung! Deine Leser (mich eingeschlossen) sind wirklich Glückspilze. Ich bin von deinem neuen Buch begeistert.

Alles Gute! Ich freue mich auf weitere Kochbücher von dir!

**Elana Amsterdam**
elanaspantry.com
Autorin von *Moderne Paleo-Küche*
*(erscheint im Frühjahr 2015 bei books4success)*

# Danksagungen

Ich möchte mich bei so vielen Menschen bedanken, die zu diesem Kochbuch beigetragen haben.

Mein Ehemann: Du bist mein bester Freund, mein talentierter Geschäftspartner und der liebevollste Vater. Ich kann einfach nicht genug von dir kriegen. Ganz herzlichen Dank für dieses fantastische Umschlagdesign, die Innengestaltung und all die Recherche und Schreibarbeit, die du erledigt hast. Ohne dich hätte ich das nicht geschafft. Ich liebe dich.

Die Mutter meines Mannes: Patti, ich kann dir gar nicht genug für all die tollen Requisiten danken, die du mir geschickt hast. Von Körben über Teller bis hin zu Silberbesteck und Tortenschaufeln – durch die Schätze, die du gefunden hast, ist das Buch so schön geworden.

Elana: Meine liebe Freundin und Kameradin beim Kauf von Requisiten, ich bin dir für deine Freundschaft so dankbar. Ich kann dir gar nicht genug danken.

Meine Töchter: Ich danke euch, dass ihr für mich eine solche Quelle der Inspiration seid. Tagtäglich bewundere ich eure Persönlichkeiten.

Michele und Erich: Vielen Dank, dass ihr mit mir zusammen dieses Buch geschaffen habt. Ich danke euch für eure Unterstützung. Ich kann mir nicht vorstellen, mit jemand anderem zusammenzuarbeiten. Ihr seid toll!

Pinterest: (Ja, Pinterest.) Dir verdanke ich so viele beeindruckende Ideen für Rezepte und Fotos. Ich weiß gar nicht, wie ich dieses Buch ansonsten hätte vollenden sollen.

Der faire Handel und die von der „Rainforest Alliance" zertifizierte Schokolade: Herzlichen Dank, dass Sie dafür sorgen, dass die Menschen ethisch einwandfreie und derart köstliche Schokolade essen können.

Dieses Buch ist meinen Lesern gewidmet. Ganz herzlichen Dank für all eure Liebe und Unterstützung.

# Einleitung

Im Laufe der Jahre hat sich meine Familie immer stärker von der Paleo-Ernährung angezogen gefühlt, die auch Steinzeit-Diät genannt wird. Das Konzept, dieselben Lebensmittelsorten zu essen wie unsere Vorfahren, ist gut: Meine Familie und ich fühlen uns besser denn je, seit wir uns auf diese Weise ernähren.

Doch die Höhlenmenschen haben weder Kuchen noch Eis gegessen. In dieser Hinsicht halten wir uns also vielleicht nicht ganz an den Paleo-Gedanken – und das finde ich in Ordnung. Für mich geht es bei der Paleo-Ernährung nicht darum, mich extrem oder einer Mode entsprechend zu verhalten. Es geht darum, gesund zu sein und sich toll zu fühlen. Ich habe Zöliakie, und meine Tochter Ashley reagiert allergisch auf Gluten. Wenn sie Getreide isst, beeinträchtigt dies ihr Verhalten enorm. Unsere Ernährung von glutenfrei auf getreidefrei umzustellen, verbesserte unser Wohlbefinden von „ganz okay" zu „fantastisch". Und genau darum geht es.

Mit dieser Einleitung habe ich mich wirklich abgemüht. Dann riet mir ein kluger Freund, einfach meinem Herzen zu folgen. Doch mein Herz wird schwer, wenn unsere Ernährung und die Frage im Mittelpunkt stehen, warum wir uns für die Paleo-Diät entschieden haben; und ich weiß, dass es vielen meiner Leser genauso geht. Wir hatten schwerwiegende Gründe. Als Ashley ein Baby war, erlitt sie infolge von Impfungen einen Hirnschaden und entwickelte Autismus. Ich weiß, dass viele meiner Leser das gar nicht hören wollen. Die Sicherheit von Impfungen ist ein umstrittenes Thema, und ich für meinen Teil kann es nicht ertragen, im Zentrum einer Kontroverse zu stehen – das bereitet mir große Bauchschmerzen. Doch die Wahrheit ist, dass Impfungen, wie alle Medikamente, ernste Nebenwirkungen haben.

Ich wünschte, ich könnte sagen, dass Ashleys Hirnschaden die Folge eines anderen, üblichen Medikaments war. Es wäre so viel einfacher für mich, wenn der Grund eine medikamentöse Behandlung gewesen wäre, von der die Menschen wissen, dass sie gefährliche Nebenwirkungen haben kann. Dann wäre niemand wütend auf mich, würde mich infrage stellen oder mit mir streiten. Ich kann jedoch sagen, dass Ashley es dank ihrer Paleo-Ernährung und biomedizinischer Behandlungen unglaublich weit gebracht hat. Anfangs sagten ihre Ärzte und Therapeuten, dass sie niemals würde sprechen können, niemals laufen und möglicherweise niemals selbst essen lernen würde. Ich bin so dankbar, dass sie all das kann. Sie wird wahrscheinlich nicht in der Lage sein, alleine zu leben, doch es gibt niemand anderen (mit Ausnahme meines Mannes), mit dem ich den Rest meines Lebens lieber verbrächte.

Ich habe das Buch „Paleo für Schokoladen-Fans" geschrieben, damit wir weiterhin unsere Lieblingsschokoladen-Leckereien genießen können – allerdings ohne die Zutaten, die uns nicht bekommen.

In diesem Kochbuch finden Sie weder Getreide, noch Hülsenfrüchte oder Milchprodukte. Stattdessen enthält es nährstoffreiche Rezepte, die reich an

Eiweiß und gesunden Fetten sind. Das heißt jedoch nicht, dass Sie diese Köstlichkeiten jeden Tag essen sollten! Die Intention dieses Buches ist: Wenn wir uns selbst belohnen, müssen wir nicht gegen unsere Paleo-Ernährung verstoßen.

Dadurch, dass ich Stevia verwende – eine Pflanze, die auf dem glykämischen Index den Wert 0 hat –, brauche ich im Vergleich zum Zuckergehalt konventioneller Rezepte insgesamt sehr wenig Honig oder Kokoszucker. Kokosöl, Kokosmilch, gemahlene Nüsse und Samen sind eiweißreich und enthalten viele gesunde Fette. Wenn Sie diese Naschereien essen, fühlen Sie sich besser als nach einem Dessert mit vielen Kohlenhydraten.

Bei der Paleo-Ernährung ist es wichtig, Fleisch nicht aus Massentierhaltung zu kaufen; und auch die Schokolade sollte fair gehandelt oder von der „Rainforest Alliance" zertifiziert sein, damit man sicher sein kann, dass die Menschen, die an ihrer Produktion beteiligt sind, ethisch vertretbar behandelt werden, und Kinderarbeit ausgeschlossen ist. Wo Ihre Schokolade herkommt, ist genauso wichtig wie die Herkunft von Fleisch, Obst und Gemüse. Auf Seite 21 ff. finden Sie hierzu weitere Informationen.

Für meine Fotos in „Paleo für Schokoladen-Fans" habe ich eine eingeschränkte Farbpalette verwendet: Schattierungen von Schwarz und Weiß, Braun und Türkis. Meine Familie und Freunde halfen mir, indem sie mir Geschirr und Silberbesteck liehen, das hübsch altertümlich aussieht. Stoffe und Tische in meiner Farbpalette bereiteten mir das größte Vergnügen. Und die Speisen sind an sich schon ausgesprochen hübsch anzusehen.

Für jene von uns, die an Zöliakie, Autismus oder anderen Autoimmunstörungen leiden, ist ein Schummeln bei unserer Ernährung keine Option. Doch selbst wenn ich gelegentlich schummeln könnte, würde ich es nicht tun. Ich würde mich eher an meine gesunde Ernährungsweise halten, wenn mir eine Schokoladen-Leckerei zur Verfügung steht. Und keiner meiner Gäste, die sich auf die herkömmliche Art und Weise ernähren, hat sich jemals von meinen Paleo-Schokoladen-Rezepten nicht begeistert gezeigt.

Viel Vergnügen beim Paleo-Schokoladen-Genuss!

❤, Kelly

# Erste Schritte

Wenn der Paleo-Lebensstil für Sie neu ist, kennen Sie möglicherweise nicht alle Zutaten, die in diesem Buch verwendet werden. Nachfolgend finden Sie deshalb eine Beschreibung der einzelnen Zutaten und Hinweise, wo Sie diese kaufen können.

## Zutaten

A. Vollfette Kokosmilch. Sie wird aus dem gepressten Fruchtfleisch der Kokosnuss und Wasser hergestellt und enthält relativ viel Fett (siehe die Beschreibung zum Kokosöl weiter unten für weitere Informationen dazu) sowie Eiweiß und Eisen. Ich verwende Kokosmilch von „Natural Value" (Dosen) und hundertprozentige Kokosnusscreme von „Aroy-D" (Tetra-Pak), da diese beiden Marken ohne Guarkernmehl und Bisphenol A auskommen. Sie sind in Reformhäusern und Asia-Läden erhältlich.

B. Kokosnusscreme. Ich verwende Kokosmilch von „Natural Value" (Dosen) und hundertprozentige Kokosnusscreme von „Aroy-D" (Tetra-Pak). Eine Anleitung, wie Sie Kokosschlagsahne selbst herstellen können, finden Sie auf Seite 116.

C. Mit ungefähr 7 Gramm pro Esslöffel enthält Kokosöl mehr Laurinsäure als jeder andere Bestandteil der Kokosnuss. Dieses mittelkettige, gesättigte Fett sollte nicht mit anderen gesättigten Fetten verwechselt werden, die ungesund sind. Die mittelkettigen Fettsäuren des Kokosöls sind leicht verdaulich und werden eher in Energie umgewandelt als in Form von Fett im Körper eingelagert. Kokosöl kurbelt den Stoffwechsel an und schützt zugleich vor Bakterien und Viren. Ich bevorzuge die Marke Tropical Traditions.

D. Kokosmehl. Es enthält ungefähr 20 Prozent Eiweiß und 50 Prozent Ballaststoffe (mehr als jede andere Mehlsorte) sowie 5 Prozent Eisen. Es kommt Ihnen teuer vor? Keine Sorge: Eine kleine Menge reicht relativ lang, und für die meisten meiner Rezepte wird lediglich eine halbe Tasse gebraucht. Ich verwende Kokosmehl der Marke Tropical Traditions.

E. Kokosfett/Kokoscreme-Konzentrat. Dieses Fett beziehungsweise dieses Creme-Konzentrat wird aus dem frischen oder getrockneten Fruchtfleisch der Kokosnuss hergestellt und besteht größtenteils aus Fett, enthält aber auch Eiweiß, Ballaststoffe, Vitamine und Mineralstoffe. Man bekommt es roh aus frischer Kokosnuss oder nicht-roh aus getrockneter Kokosnuss produziert. Kokosfett können Sie auch selbst herstellen. Meine Freundin Lexie (LexiesKitchen.com) bietet auf ihrer Internetseite eine tolle Anleitung dafür. Ich kaufe die Marke Artisana (Kokosfett) oder Tropical Traditions (Kokoscreme auch „Creamed Coconut" genannt).

F. Ungesüßte Kokosraspeln. Ich verwende die Marke Tropical Traditions.

A. Roher Honig. Ich nehme Mudhava. Eine weitere gute Marke ist Clark's.

B. Nuss-/Samenbutter. Ich verwende Bio-Sonnenblumenkern-Butter von SunButter, rohes Mandelmus (auch Mandelbutter genannt), Macadamiamus mit Cashewnüssen und Cashewnussmus von Artisana. Sie können alle diese Produkte in einer Küchenmaschine mit einem scharfen Messer auch selbst herstellen. Dann sollten Sie nichts anderes außer den Nüssen beziehungsweise Samen verwenden. Einfach mahlen, von den Seiten abschaben und noch einmal mahlen, bis Sie Butter erhalten. Das dauert ungefähr 20 Minuten. Nuss- und Samenbutter sollten Sie immer im Kühlschrank aufbewahren, da sie sonst ranzig wird.

C. Weiche Medjool-Datteln. Ich kaufe sie in Reformhäusern oder bei iHerb.com.

D. Pfeilwurzelmehl. Ich kaufe es in Reformhäusern oder bei iHerb.com.

E. Goldener Leinsamen. Ich kaufe ihn in Reformhäusern oder bei iHerb.com.

F. Chia-Samen. In der Regel nehme ich weiße Chia-Samen, die ich in Reformhäusern oder bei iHerb.com kaufe. Chia-Samen können in einer Kaffeemühle oder einem kleinen Mixer gemahlen werden.

G. Gemahlene Nüsse. Ich verwende gemahlene Mandeln der Hersteller Bob's Red Mill und Honeyville. Walnüsse, Haselnüsse und Macadamia-Nüsse mahle ich selbst in meiner Küchenmaschine.

H. Weiche Vanilleschoten. Ich kaufe Bio-Vanilleschoten der Marke Starwest Botanicals bei Amazon.com. Nachdem Sie das Mark herausgeschabt haben, können Sie die Schalen in einem luftdicht abgeschlossenen Behälter aufbewahren und zur Aromatisierung von heißer Schokolade verwenden.

I. Bio-Kakaopulver aus fairem Handel. Rohes Kakaopulver wird hergestellt, ohne die Kakaobohnen vorher zu rösten. Ich kaufe Kakaopulver bei iHerb.com.

J. Kokoszucker. Dieses Süßungsmittel wird aus dem Saft der Blütenstände der Kokospalme hergestellt. Wenn die reifen Blütenstände angeschnitten werden, läuft der Saft zwanzig Jahre lang, sodass er äußerst nachhaltig ist. Der Zucker wird gewonnen, indem der Saft kurz gekocht wird, bis die Flüssigkeit verdampft ist und sich Kristalle bilden. Kokoszucker hat einen niedrigen glykämischen Wert und ist reich an Vitaminen und Mineralstoffen – im Gegensatz zu raffiniertem Zucker, der keine Nährstoffe mehr enthält. Ich kaufe Kokoszucker in Reformhäusern oder bei iHerb.com

K. Flüssige Vanille-Stevia. Stevia ist eine Pflanze, die Sie selbst ziehen können, um ihre Blätter zu essen! Sie bringt es im glykämischen Index auf den Wert Null und hat eine sehr konzentrierte Süße. Es gibt keinen vergleichbaren Ersatz. Ich bevorzuge die Marken NuNaturals und NOW Foods, die ich in Reformhäusern oder bei iHerb.com kaufe.

L. Schokolade. Wie Sie selbst dunkle und weiße Schokolade herstellen können, erfahren Sie auf den Seiten 172 und 174. Informationen zu gekaufter Schokolade erhalten Sie auf Seite 17.

M. Rohe Bio-Kakaobutter. Ich kaufe die Marke Tisano bei Amazon.com.

## Techniken und Problemlösung

### BACKOFENTEMPERATUR

Wenn Ihre Backwaren verbrannt oder nur halb gebacken aus dem Ofen kommen, gibt es dafür zwei mögliche Erklärungen: Ihr Backofen belügt Sie. (Das klingt seltsam, kann aber wirklich sein.) Zum einen: Wenn der Ofen piept, um Ihnen mitzuteilen, dass er die gewünschte Temperatur erreicht hat, ist dies meistens nicht der Fall; sie kann trotz des Piepens bis zu 10 °C niedriger sein. Selbst wenn Ihr Backofen 30 Minuten oder mehr vorheizt, kann er eine ganz andere als die

ERSTE SCHRITTE

anvisierte Temperatur erreicht haben. Mein alter Ofen wurde zu heiß, und mein neues Gerät ist zu kalt. Die einfachste Möglichkeit, um sicherzustellen, dass Ihr Backofen die richtige Temperatur hat, ist ein Ofenthermometer, das ungefähr 15 Euro kostet.

## VOLUMEN UND GEWICHT

Volumenangaben (Tassen) sind nicht so genau wie Gewichtsangaben (Gramm). Eine Tasse gemahlene Mandeln kann beispielsweise 100 Gramm wiegen, doch in der Woche davor hat eine Tasse mit dem gleichen Inhalt es auf fast 120 Gramm gebracht. Merkwürdig, aber wahr. Möglicherweise liegt das an der Feuchtigkeit (oder deren Fehlen) und am Druck (wie fest Sie die gemahlenen Mandeln in der Tasse zusammendrücken). Unter dem Strich bedeutet das, dass Gewichtsangaben deutlich präziser sind als Volumenangaben. Sie sollten sich also eine preiswerte Küchenwaage kaufen (ab etwa 15 Euro), oder Sie verwenden eine Briefwaage, wie ich es tue (für ungefähr denselben Preis).

## KEINE SCHOKOLADEN-STÜCKCHEN?

Wie Sie merken werden, verwende ich in keinem meiner Rezepte fertig gekaufte Schokoladen-Stückchen. Dafür gibt es einen sehr guten Grund: Fertig gekaufte Schokostückchen enthalten deutlich mehr Zucker als im Laden erhältliche Tafeln Bitter-Schokolade.

Zum Vergleich: Eine viertel Tasse milchfreie, fertig gekaufte Schokoladen-Stückchen enthält ungefähr 28 Gramm Zucker. Eine viertel Tasse selbst gehackte, gekaufte Bitterschokolade (85 Prozent Kakao) enthält ungefähr 6 Gramm Zucker.

Fertig gekaufte Schokoladen-Stückchen bringen es also auf gut viermal so viel Zucker! Nehmen Sie sich also die Zeit, Ihre eigenen Schokostückchen herzustellen, oder verwenden Sie stattdessen vollkommen zuckerfreie Kakaonibs. Allerdings sollten Sie bedenken, dass nicht jeder Kakaonibs mag – insbesondere Kinder eher nicht.

## KOKOSFETT/KOKOSCREME SCHMELZEN

Hinweis: Kokosfett und Kokoscreme-Konzentrat sollten in einem Glas aufbewahrt werden.

1) Das Glas aufschrauben und in einen kleinen Topf mit dickem Boden stellen. Den Topf mit ausreichend Wasser füllen, sodass es den Großteil des Fetts im Glas bedeckt.

2) Das Glas mit dem Kokosfett beziehungsweise der Kokoscreme aus dem Topf nehmen und das Wasser zum Kochen bringen.

3) Die Herdplatte ausschalten und das Glas in das heiße Wasser stellen. 20 Minuten darin stehen lassen, damit das Fett schmilzt.

4) Das Glas aus dem Topf nehmen und das Kokosfett beziehungsweise die Kokoscreme mit einem Buttermesser umrühren.

## KOKOSÖL SCHMELZEN

Hinweis: Wenn Sie Kokosöl in großen Mengen einkaufen, wie ich es tue, sollten Sie einen Teil davon zur täglichen Verwendung in ein großes Einweckglas mit Schraubdeckel füllen.

1) Das Glas in einen kleinen Topf mit dickem Boden stellen. Den Topf mit ausreichend Wasser füllen, sodass es den Großteil des Öls im Glas bedeckt. (Wenn der Wasserpegel höher ist als der Öllevel, kippt das Glas um.)

2) Das Glas mit dem Kokosöl aus dem Topf nehmen und das Wasser erhitzen. (Das Wasser muss heiß werden, aber nicht notwendigerweise kochen.)

3) Die Herdplatte ausschalten und das Glas in das heiße Wasser stellen. Das Öl wird sehr schnell flüssig.

PALEO FÜR SCHOKOLADEN-FANS

# Ausstattung

## MIXER

Wenn Sie meinen Blog lesen (www.TheSpunkyCoconut.com), wissen Sie, dass ich von meinem Blendtec begeistert bin. Sollten Sie nun zum ersten Mal mit mir zu tun haben, möchte ich Ihnen mitteilen …, dass ich von meinem Blendtec begeistert bin. Er ist stärker, kleiner (er passt auf die Arbeitsplatte unter die Hängeschränke) und einfacher zu reinigen als der Vitamix. Außerdem ist sein Behälter frei von BPA und ein Modell mit einer 10-Zentimeter-Schneide. Ich verwende meinen Mixer mindestens zweimal am Tag. Ehrlich! Nicht nur für die Rezepte in diesem Buch, sondern auch für die Herstellung von Suppen, Smoothies, Nussmilch und vielem mehr. Wenn Sie nicht so viel Geld ausgeben wollen, können Sie aber auch einen anderen Mixer verwenden.

## MINI-MIXER

Mini-Mixer sind wirklich hilfreiche kleine Kerlchen. Für die Rezepte dieses Buches habe ich meinen Magic Bullet verwendet, um Süßigkeiten, cremige Soßen, Käse-Dressings und Kokospuderzucker herzustellen oder Gewürze zu mahlen. Eine Küchenmaschine oder eine Kaffeemühle sind für diese Arbeiten jedoch ebenfalls geeignet.

## KÜCHENMASCHINE

Eine Küchenmaschine wird beispielsweise gebraucht, um Nüsse zu mahlen, und kann häufig anstelle eines Mixers verwendet werden. Ich nutze sie auch, um Zucchini zu raspeln (für Zucchini-Brot) oder Blumenkohl (für Blumenkohl-„Reis"), um Karamell zu pürieren, Käsekuchen herzustellen, und so weiter.

## EISMASCHINE

Die eigene Eismaschine fügt dem Eis nicht ganz so viel Luft hinzu wie ein gewerblich genutztes Gerät, aber sie verleiht Ihrer Eiscreme dennoch luftiges Volumen. Weitere Anregungen zur Herstellung von milchfreiem Eis (und eine Entschuldigung dafür, Ihre Eismaschine häufiger zu verwenden), finden Sie in meinem Kochbuch „Dairy-Free Ice Cream".

## KLEINER MESSLÖFFEL MIT GRIFF

In mehreren Rezepten verwende ich einen 20-Gramm-Messlöffel (Größe 40) mit Griff. Mithilfe dieses Messlöffels kann man schneller als mit der Hand einheitlich große Plätzchen und Naschereien ausstechen.

## PRALINENFORM

Um einfach und schnell Pralinen herzustellen, verwende ich eine Form, die den zusätzlichen Vorteil bietet, einheitlich runde Süßigkeiten hervorzubringen. Günstige Pralinenformen finden Sie im Kaufhaus. Wenn Sie eine große Menge Pralinen für eine Party oder als Geschenk herstellen wollen, empfehle ich Ihnen die 63-Cavity Medium Round Truffle Mold by Truffly Made, die ich bei Amazon.com gekauft habe.

# Geschmackstest für gekaufte Schokolade

Eines der ersten Rezepte, die ich für dieses Buch entwickelt habe, war meine selbst gemachte Bitterschokolade (Seite 172). Ich verwende auch fertig gekaufte Schokolade, und nachfolgend lesen Sie meine Meinung über die verschiedenen Marken. Ich habe ausschließlich Schokoladentafeln miteinander verglichen, die mindestens 80 Prozent Kakaoanteil haben, milchfrei sind und aus fairem Handel stammen oder von der Rainforest Alliance zertifiziert sind (Seite 30). Da ich Zöliakie habe und meine Tochter auf Gluten allergisch reagiert, habe ich das Spektrum noch weiter eingeschränkt und lediglich Tafeln gekauft, die mit Geräten hergestellt worden sind, welche nicht mit Gluten in Kontakt kommen. Wenn Gluten für Sie kein Problem darstellt, gibt es für Sie auch noch ein paar weitere Schokoladentafeln, die meine anderen Kriterien erfüllen, aber diese Bedingung nicht; dazu zählen zum Beispiel die Marken Chocolove, Newman's Own und Theo. Möglicherweise werden diese Tafeln in Zukunft mit speziellen Geräten hergestellt, die ausschließlich für glutenfreie Schokolade verwendet werden – Sie können das ja gelegentlich bei diesen Marken überprüfen; ich werde es auf jeden Fall tun.

ERSTE SCHRITTE

### ZUSAMMENFASSUNG DES GESCHMACKSTESTS:

**Alter Eco 85%:** Schmeckt klasse und ist sehr cremig.
**Dagoba 87%:** Kommt bei uns im Hinblick auf Geschmack und Cremigkeit am wenigsten gut an.
**Endangered Species 88%:** Schmeckt klasse und ist ein bisschen cremig.
**Equal Exchange 80%:** Schmeckt klasse und ist sehr cremig.
**Green & Black 85%:** %: Schmeckt klasse und ist sehr cremig.

Alle fünf Tafeln enthielten ungefähr dieselbe Zuckermenge pro Portion. Jede Tafel besteht aus zwei Portionen (also 10 bis 14 Gramm Zucker). Als dieses Buch veröffentlicht wurde, enthielten folgende Marken kein Sojalezithin: Alter Eco, Equal Exchange und Green & Black.

PALEO FÜR SCHOKOLADEN-FANS

# Kakao NIBS

# Wissenschaft, Geschichte und Ethik

von ANDREW BROZYNA

Ich interessiere mich sehr für Ernährungswissenschaft und -geschichte, und ich bin ein großer Schokoladenliebhaber. Als Kelly mir von ihrer Idee erzählte, dieses Buch zu schreiben, war ich allerdings überrascht, als ich erkannte, dass ich gar nicht wusste, wo Schokolade herkommt. Ich hatte gehört, dass sie aus einer Art Bohnen in den Tropen hergestellt wird, aber das war auch schon alles. Nach umfassender, faszinierender Recherche kann ich Ihnen nun einige Fakten mitteilen – über die Pflanze, ihre lange Geschichte und wie sie zu unserer köstlichen Versuchung verarbeitet wird.

## Kakao: Botanik in Kürze

Der Kakaobaum (Theobroma cacao) ist im Amazonasbecken heimisch und stammt möglicherweise aus dem östlichen Teil der Anden. Er ist anspruchsvoll und gedeiht ausschließlich in einem schmalen Streifen entlang des Äquators. Die Bäume müssen in Gegenden mit konstanter Feuchtigkeit angepflanzt werden, höchstens in bis zu dreihundert Metern Höhe und bei einer Temperatur, die nicht unter 16 °C fällt. Der Kakaobaum ist anfällig und kann durch starken Wind oder intensive Sonneneinstrahlung leicht beschädigt werden. Am besten geht es ihm, wenn er im Schatten größerer Bäume wachsen kann. In der Tat also eine ganz besondere Pflanze!

Die Schokolade, die wir so lieben, wird aus Samen gemacht, die in Schalen heranreifen. Interessanterweise wachsen diese Schalen direkt am Baumstamm und an den Seiten älterer Äste. Die Früchte der hierzulande bekannteren Bäume (Äpfel, Orangen, Oliven, Pflaumen, und so weiter) wachsen hingegen an den Enden von Zweigen; doch in den Tropen kommt es recht häufig vor, dass die Früchte im Schatten gedeihender Pflanzen direkt am Stamm wachsen. Ein einzelner Kakaobaum kann im Laufe eines Jahres wenige Tausend Blüten hervorbringen, doch lediglich ein bis fünf Prozent davon werden durch Mücken bestäubt und entwickeln sich zu Früchten.

Die Fruchtschale sieht ein wenig wie eine lang gezogene Zitrone mit längs verlaufenden Furchen aus. Sie ist anfangs grün und verändert sich während der Reifung in verschiedene Schattierungen von Grün, Gelb, Rot, Orange, Lila oder Braun. Die Früchte können bis zu 20 Zentimetern lang werden. Jede von ihnen enthält süßes, weißes Fruchtfleisch und 20 bis 40 Samen. Wie beim Kaffee werden die Samen des Kakaobaums „Bohnen" genannt, doch keine dieser beiden Pflanzen gehört zu den Hülsenfrüchten. Der Geschmack der Schokolade hängt stark davon ab, wo die Kakaobohnen gewachsen sind und welcher Sorte die Pflanze angehört.

Aus historischer Sicht wurden Kakaobäume in drei Hauptkategorien unterteilt: Criollo, Forastero und Trinitario. Innerhalb dieser Grundtypen gibt es zahlreiche Sorten mit einer ganzen Bandbreite an unterschiedlichen Eigenschaften. Eine genetische Studie, die 2008 veröffentlicht wurde, nahm eine präzisere Unterteilung der Kakaopflanzen vor. Diese wissenschaftlichere Klassifizierung schafft die drei ungenauen Gruppen ab und ordnet jede Varietät einem von zehn Gen-Clustern zu. Botaniker arbeiten heutzutage mit der Genmethode, während Bauern, Schokoladenfabrikanten und Schokoladenliebhaber weiterhin die alten Begriffe verwenden.

### CRIOLLO

Möglicherweise sind Sie der Ansicht, dass Criollo die Feinschmecker-Varietät der drei Kakaogruppen ist. Sie ist am schwierigsten anzubauen und liefert den geringsten Ertrag. Die daraus hergestellte Schokolade soll jedoch die beste Qualität haben. Criollo-Kakaobäume wurden ursprünglich in Mittelamerika angepflanzt und decken lediglich ungefähr fünf Prozent der weltweiten Kakaoproduktion ab. Reife Criollo-Fruchtschalen sind in der Regel lang und schmal und enthalten die wenigsten Samen (20 bis 30). Aufgrund dieser Seltenheit und Kosten wird Criollo-Schokolade normalerweise mit einem anderen Grundtyp gemischt.

### FORASTERO

Eine typische Schokoladentafel besteht aus Kakaobohnen der Varietät Forastero. Diese Pflanze stammt aus Südamerika und steuert ungefähr 80 Prozent des weltweiten Kakaos bei. Forastero ist eine robustere Pflanze: Sie ist widerstandsfähiger gegen Krankheiten und produziert die meisten Früchte mit der größten Anzahl an Samen (30 bis 40). Die reifen Früchte haben im Allgemeinen eine rundere Form.

### TRINITARIO

Die Grundtypen Criollo und Forastero können gekreuzt werden und bringen dann fruchtbare Hybridpflanzen hervor. Die erste Kreuzung fand im 18. Jahrhundert statt, und so entstand der Trinitario-Kakaobaum. 1727 zerstörte eine Krankheit (oder ein Hurrikan) viele der spanischen Criollo-Plantagen auf der Insel Trinidad. Um die Verluste zu ersetzen, kaufte man von Venezuela Forastero-Bäume, die mit den überlebenden Criollo-Bäumen fremdbestäubt wurden. Die Kakaobohnen der aus der Kreuzung hervorgegangenen Trinitario-Bäume haben viel vom Geschmack der besseren Criollo-Bohnen, während die Pflanze selbst über die robustere Gesundheit der Varietät Forastero verfügt. Die reifen Früchte, deren Schale typischerweise orange-rot gefärbt ist, enthält 30 bis 40 Samen.

## Geschichte

Im Jahr 1502 befand sich Christoph Kolumbus auf seiner vierten und letzten Reise nach Amerika. Er segelte vor der Küste zum heutigen Honduras, als seine vier Schiffe auf ein großes Handelskanu der Mayas stießen. Seine Mannschaft beschlagnahmte das Schiff und nahm die Ladung an sich. Zu den wertvollen Gütern, die sie fanden, gehörte auch eine große Menge an Samen. So kamen die Europäer erstmals mit Kakao in Kontakt, einer Leckerei, die in der Neuen Welt schon seit Tausenden von Jahren genossen wurde.

Völker, die von Mittel- nach Südamerika auswanderten, begannen vor ungefähr 8.500 Jahren, Landwirtschaft zu entwickeln. Jäger, Sammler und frühe Bauern wurden möglicherweise durch das süße Fruchtfleisch im Inneren der Schalen vom Kakao angezogen. Der erste direkte Hinweis auf den Genuss von Schokolade ist fast 4.000 Jahre alt. An der Pazifikküste Südmexikos fanden Archäologen Keramik, die noch chemische Rückstände enthielt, die ausschließlich auf Schokolade zurückzuführen sind. Diese frühe Schokolade war von den Mokaya hergestellt worden, die zu den ersten Völkern gehörten, welche in Mittelamerika Keramik verwendeten. Sprachwissenschaftler bestätigen diese Entdeckung und erklären, dass das Wort „Kakao" zur selben Zeit in dieser Gegend entstanden ist.

**Schokoladengefäß der Mokaya-Kultur, 1900 bis 1500 v. Chr.**

**Frühklassische Maya-Glyphe für Kakao**

**Vorklassisches Schokoladen-Gefäß der Maya-Kultur**

WISSENSCHAFT, GESCHICHTE UND ETHIK

**Kakaobaum aus einem präkolumbianischen Aztekenbuch**

Ein ähnlich alter Fund stammt von einer Olmeken-Stätte an der mexikanischen Golfküste. Das Schokoladengefäß aus Keramik, das dort gefunden wurde, konnte auf die Zeit von 1650 bis 1500 v. Chr. datiert werden. Funde, die mit Schokolade zu tun haben, in Form von mesoamerikanischen Skulpturen, Inschriften und Gemälden, werden für die nachfolgenden Jahre zahlreicher.

Die Kultivierung und der Genuss von Schokolade wurden von einer ganzen Reihe von Kulturen angenommen – von den Izapanern, den Olmeken, den Mayas, den Zapoteken, den Mixteken, den Tolteken und den Azteken. In diesen Kulturen galt die Schokolade als heilig und war ausschließlich der Elite der Gesellschaft vorbehalten. Könige, Adelige, Krieger und hochrangige Händler nahmen Schokolade als zeremonielles Getränk zu sich. Die vielen unterschiedlichen Rezepte verlangten nach einer Mischung von gemahlenem Kakao, Wasser und den Aromen von Chili, Vanille sowie anderen Kräutern und Gewürzen. Wichtig war, das Getränk mit Kohlensäure anzureichern, sodass sich kräftiger Schaum entwickelte. Von den Mayas und Azteken ist bekannt, dass sie ihre Trinkschokolade kalt zu sich genommen haben.

Die spanischen Eroberer waren anfangs von der Schokolade nicht beeindruckt und beschwerten sich, dass sie zu bitter sei. Sie wurde erst zur willkommenen Ergänzung ihres Speiseplans, als sie mit Rohrzucker gesüßt und aus der Alten Welt bekannte Gewürze wie Zimt und schwarzer Pfeffer zugesetzt wurden. Im 16. und 17. Jahrhundert kam heiße Schokolade als neues Modegetränk an die Höfe Europas. Aufgrund der hohen Kosten blieb sie bis zum Anfang des 19. Jahrhunderts ein Privileg der Elite.

Die moderne Schokoladenproduktion begann 1828, als ein niederländischer Chemiker eine hydraulische Presse patentieren ließ, um die Kakaobutter aus den Samen zu gewinnen. Die auf diese neuartige Weise extrahierte Kakaobutter wurde mit uraltem, gemahlenem Kakao vermischt, sodass eine flüssigere Mischung entstand, die zu den ersten Schokoladentafeln geformt werden konnte. So war es möglich, Schokolade in großem Stil effizient herzustellen, und sie wurde endlich auch für die Allgemeinheit zur erschwinglichen Köstlichkeit. Ende des 19. Jahrhunderts gab es in Großbritannien, auf dem europäischen Festland und in den Vereinigten Staaten bereits zahlreiche Schokoladenproduzenten.

## Kakaoanbau

Heutzutage wird Kakao rund um die Welt angebaut: in Mexiko, Südamerika, Afrika, Asien und auf den Pazifikinseln. Ungefähr zwei Drittel der weltweit existierenden Kakaopflanzen wachsen auf kleinen Farmen, während es große Plantagen in Ländern wie Brasilien und Malaysia gibt.

Auf den meisten Farmen stehen die Kakaobäume im Schatten größerer Pflanzen wie Bananenstauden, Kokospalmen und Mangobäumen. Manche Kakaobauern säubern den Wald von Unterholz und pflanzen den Kakao unter bereits existierende Bäume. Wilde Kakaobäume können bis zu 15 Metern hoch werden, doch auf Farmen stutzt man sie, damit sie maximal die halbe Höhe erreichen. Auf diese Weise können die Früchte per Hand oder mithilfe langer Stangen mit Messerschneiden geerntet werden. Zwei oder drei Mal im Jahr werden Früchte geerntet. Wenn sie reif sind, kann man die Schalen von Hand

**Vorangegangene Seite:** Eine Kakaofarm in Ecuador, 1907.

**Oben:** Ein Mahlwerk in einer französischen Schokoladenfabrik, 1936. Foto aus dem Bestand der Französischen Nationalbibliothek.

spalten. Die Samen werden auf dem Boden oder in Holzkisten gesammelt und abgedeckt, damit sie drei bis sechs Tage fermentieren können. Die Fermentierung verhindert, dass die Kakaobohnen keimen, hilft bei der Entfernung des Fruchtfleisches und setzt die Entwicklung des Aromas in Gang. Außerdem zerstört sie die in den Samen enthaltene Phytinsäure – eine Substanz, welche die Aufnahme von Mineralstoffen blockiert. Dann werden die Kakaobohnen ausgelegt, um einige Wochen in der Sonne zu trocknen. Am Ende dieses Vorgangs haben die Samen fast die Hälfte ihres Gewichts verloren und sind fertig zum Verkauf. Zwischenhändler erwerben sie und verkaufen sie an Schokoladenfabrikanten in der ganzen Welt.

## Schokoladen-Herstellung

In der Fabrik besteht der erste Schritt der Schokoladenproduktion darin, die angelieferten Kakaobohnen zu sortieren. Eine Maschine entfernt Fremdkörper wie Seilstückchen, Zweige, Steine und so weiter. Manchmal wird unter den Kakaobohnen sogar ein Messer oder ein Hut gefunden.

Damit die Kakaobohnen ihr Aroma entfalten, werden sie in großen Öfen bei Temperaturen von 100 °C bis 145 °C geröstet. Die Röstdauer hängt von der Kakaosorte und dem gewünschten Schokoladenendprodukt ab. Qualitativ höherwertige Bohnen wie Criollo oder Trinitario erfordern ein kürzeres Rösten als Forastero. Die heißen Kakaobohnen werden dann schnell gekühlt.

Nach dem Rösten und Abkühlen knackt und entfernt eine Windfege die äußere Schale der Kakaobohnen. Diese Schalen können auf unterschiedliche Weise verwendet werden – zum Beispiel als Tierfutter, zum Mulchen im Garten oder als Theobromin-Quelle in der medizinischen Industrie.

Die Kakaonibs, also der innere Teil der Kakaobohnen, werden zerstoßen und zu einer flüssigen Paste gemahlen. Diese ist zwar nicht alkoholhaltig, schmeckt aber tatsächlich ein wenig nach Alkohol. Die beim Mahlen entstehende Reibung produziert Hitze, welche die in den Kakaobohnenbruchstücken enthaltenen Fette zum Schmelzen bringt. Bei Zimmertemperatur härtet die Paste aus und wird dann als Kakaomasse bezeichnet. Diese reine Schokolade kann als Konditoreiprodukt verkauft werden. Bleibt die Kakaomasse in der Fabrik, gibt es zwei verschiedene Möglichkeiten der Weiterverarbeitung.

## MÖGLICHKEIT 1: KAKAOPULVER UND KAKAOBUTTER

Gemäß der jahrhundertealten, niederländischen Vorgehensweise wird die Kakaopaste in einer großen, hydraulischen Presse Druck ausgesetzt. Die Kakaobutter fließt durch Siebe und hinterlässt einen festen Block. Je nach Kakaotyp enthält eine ganze Bohne 46 bis 61 Prozent Kakaobutter (Durchschnitt: 55 Prozent). Nach dem Pressen bestehen nur noch 10 bis 24 Prozent des Kakaoblocks aus Kakaobutter. Der Block wird zerstoßen, um Kakaopulver zu erhalten. Wenn das Kakaopulver alkalisiert wird, bezeichnet man diesen Vorgang als „Dutching" oder „Dutch Process". Durch diese Behandlung mischt es sich gut mit Flüssigkeiten. Die überschüssige Kakaobutter wird an die Kosmetikindustrie verkauft, zur Herstellung von weißer Schokolade verwendet oder anderen Schokoladenprodukten zugesetzt.

## MÖGLICHKEIT 2: SCHOKOLADE

Die Kakaopaste kann nun mit anderen Zutaten wie Zucker, Vanille oder Milchpulver gemischt werden. Die Masse wird zu einem Teig verarbeitet und über Walzen geleitet, um die Größe der festen Bestandteile zu verringern. Dann wird sie in eine Conchiermaschine gefüllt, die wie ein riesiges Rührwerk funktioniert. Zusätzliche Kakaobutter, preiswertes Pflanzenöl oder Sojalezithin werden hinzugefügt. Durch das Verrühren und die Reibungshitze erhält die Masse eine geschmeidige Konsistenz. Das Conchieren kann einige Stunden, aber auch Tage dauern, bis die gewünschte Beschaffenheit und das angestrebte Aroma erreicht worden sind.

Die noch immer flüssige Schokolade wird dann zum Temperieren in eine Maschine geleitet, in der man sie vorsichtig erhitzt. Dadurch erreichen die Kristalle in der Kakaobutter eine gleichmäßige und stabile Anordnung. Die temperierte Schokolade wird in Formen gegossen und rasch abgekühlt, sodass sie einen geschmeidigen und glänzenden Block bildet.

Die Prozentangabe, die auf Schokoladenpackungen steht, bezieht sich auf die Menge der Kakaomasse pro Tafel. Eine Tafel Alter Eco 85% Dark Blackout Organic Chocolate besteht größtenteils aus reinem Kakao, und die restlichen 15 Prozent verteilen sich auf Kakaobutter und Zucker. Eine Tafel Hershey's Milk Chocolate hingegen enthält ungefähr 11 Prozent Kakao, was bedeutet, dass 89 Prozent dessen, was Sie essen, andere Zutaten sind: Zucker, Kakaobutter, Laktose, Milchfett, Sojalezithin, Polyglycerol-Polyricinoleat und künstliche Aromen.

## Gesundheitlicher Nutzen

Schon seit Tausenden von Jahren fördert Kakao die Gesundheit der Schokoladen-Liebhaber.

Die archäologischen Überreste antiker Maya-Herrscher zeigen, dass diese bei deutlich besserer Gesundheit waren und wesentlich länger lebten als das einfache Volk, das ohne Schokolade auskommen musste. Das ursprüngliche Volk der Kuna, das auf Inseln vor der Küste Panamas lebt, trinkt heute noch zu fast jeder Mahlzeit Schokolade und erfreut sich hinsichtlich Herz und Kreislauf einer besseren Gesundheit als ihre Landsleute, die auf das Festland gezogen sind und ihr traditionelles Getränk aufgegeben haben. Anhand dieser Beispiele kann man jedoch nicht

Französische Werbepostkarten zeigen eine Sortiermaschine für Kakaobohnen und einen Röster (oben) sowie eine Conchiermaschine und eine „Dutching"-Presse (unten), 1915.

definitiv feststellen, dass Schokolade für den guten Gesundheitszustand verantwortlich ist. Die Elite der Mayas hatte ganz generell einen besseren Zugang zu Nahrung, und auf den Inseln herrschen bei den Kunas andere Ernährungsgewohnheiten als auf dem Festland. Doch auf jeden Fall ist offensichtlich, dass der Genuss von riesigen Mengen an Trinkschokolade diesen Menschen nicht geschadet hat.

Hunderte chemischer Verbindungen kommen natürlicherweise in Kakao vor, sodass es für Ernährungswissenschaftler schwierig ist, die genauen Vorzüge für die Gesundheit zu ermitteln, die mit der Schokolade verbunden sind. Die am intensivsten untersuchten Bestandteile der Schokolade sind die Alkaloide und Flavonoide. Alkaloide sind Verbindungen, die in 10 Prozent der auf der Welt vorkommenden Pflanzen enthalten sind. Zwei, die auch im Kakao vorkommen, sind Theobromin und Koffein, die 2 Prozent seines Gewichts ausmachen. Theobromin gilt als Stimmungsaufheller, setzt beim Verzehr entspannende Endorphine frei und senkt den Blutdruck. Man nimmt an, dass es den Körper wie Koffein energetisiert, ohne abhängig zu machen. Bitterschokolade enthält zehn Mal mehr Theobromin als Koffein. Wer 85 Gramm Bitterschokolade isst, verschafft sich damit die gleiche anregende Wirkung wie mit einer Tasse normalen Kaffees.

Flavonoide sind in Pflanzen vorkommende Antioxidantien und gut für den menschlichen Körper. Sie bekämpfen freie Radikale, die Zellen schädigen, unterstützen das Immunsystem, verringern Entzündungen, senken den Blutdruck und den Wert schädlichen Cholesterins. Kakao enthält mehr positive Antioxidantien als irgendein anderes, weit verbreitetes Lebensmittel. Sein Gehalt ist zwei bis drei Mal so hoch wie in grünem Tee und übertrifft auch andere Nahrungsmittel, die reich an Antioxidantien sind, wie Heidelbeeren, Cranberrys, Granatäpfel, Acai-Beeren und Rotwein.

Kakao enthält darüber hinaus viel Magnesium und beeindruckende Mengen anderer wichtiger Mineralstoffe wie Kalzium, Eisen, Mangan, Kalium und Zink.

In Kakaobohnen ist außerdem Phytinsäure enthalten, die unsere Mineralstoffaufnahme hemmt. Doch ein Großteil dieser lästigen Substanz wird durch die Fermentierung des Kakaos auf der Farm, beim Rösten in der Schokoladenfabrik und beim Backen in Ihrem Ofen zerstört.

## Mythen

Im Gegensatz zu einer verbreiteten Ansicht ist nicht bekannt, dass Schokolade Akne hervorruft. Die Hautärztin Dr. Kanade Shinkai von der University of California und der San Francisco School of Medicine wurde am 23. April 2013 in einem Artikel der *Huffington Post* zitiert: „Es ist zwar viel über die Rolle von Schokolade und anderen Nahrungsmitteln in Zusammenhang mit Akne geredet worden, doch es gibt sehr wenige Hinweise darauf, dass sie wirklich etwas damit zu tun haben." Vereinzelte Studien versuchen Schokoladengenuss und Akne miteinander in Verbindung zu setzen, doch die getestete Schokolade enthielt lediglich 30 Prozent Kakao oder weniger. Das bedeutet, dass diese „Schokoladentafeln" eher aus Zucker, Milch und Pflanzenöl bestanden als aus Kakao.

Man könnte aufgrund des Fettgehalts der Kakaobutter misstrauisch werden, aber es gibt keinen Grund, Angst um sein Herz zu haben oder sich wegen seines Gewichts zu sorgen. Kakaobohnen enthalten gesättigtes Fett, doch dieses besteht größtenteils aus Stearin- und Ölsäure. Studien haben gezeigt, dass diese Fette den Spiegel des schlechten Cholesterins nicht ansteigen lassen. Kakao enthält auch einfach gesättigtes Fett, das jedoch das gleiche „gute Fett" ist, das auch in Avocados und Olivenöl vorkommt. Außerdem wird ein großer Teil der Kakaobutter vom Körper gar nicht aufgenommen.

Seit die Spanier das Reich der Azteken erobert haben, wird der Schokolade eine aphrodisierende Wirkung zugeschrieben. Es gibt allerdings keine wissenschaftlichen Beweise, die diese Theorie belegen würden. Ihren diesbezüglichen Ruf verdankt die Schokolade der kulturellen Sichtweise in Europa, die sie zu einem exotischen Lebens- und Genussmittel macht.

WISSENSCHAFT, GESCHICHTE UND ETHIK

## Bio und fairer Handel

Im tropischen Klima, das Kakaobäume brauchen, sind auch zahlreiche Schädlinge zuhause. Auf riesigen Plantagen wachsen Kakaobäume einzeln oder mit ein oder zwei anderen Nutzpflanzenarten kombiniert. Durch die mangelnde Biodiversität ist der Kakao anfälliger für Pilze, Insekten und Nagetiere. Die Reaktion konventioneller Kakaobauern besteht darin, ihre Bäume mit einer beängstigenden Menge an Pestiziden zu behandeln. Baumwolle ist von allen Nutzpflanzen die einzige, die eine größere Menge an Pestiziden abbekommt als Kakao. Konventionelle Züchter vertrauen zudem sehr auf chemische Düngemittel.

Kakaobohnen aus konventionellem Anbau werden vor dem Export begast und ein weiteres Mal, wenn sie an einem der Häfen rund um die Welt ankommen. Lange Zeit war Brommethan das bevorzugte Gift, um Insekten zu vernichten, die zusammen mit diesem Exportgut transportiert wurden. Diese Substanz ist hochgiftig, Krebs auslösend und schädigt die Ozonschicht der Erde. Inzwischen wurde ein internationales Abkommen unterzeichnet, um aus der Produktion von Brommethan auszusteigen, doch eine Ausnahme genehmigt seinen weiteren Einsatz in der Schädlingsbekämpfung. Phosphan, ein anderes giftiges Gas, ist ein beliebter Ersatz. Ladungen mit Bio-Kakao werden hingegen auf eine sichere, wenn auch zeitaufwendige Art behandelt: Bio-Kakao wird hermetisch versiegelt, sodass die Insekten im Laufe der Wochen ersticken.

Die US-amerikanische und europäische Regierungen haben einen Grenzwert für chemische Rückstände in Schokolade festgelegt, doch der Kauf von Bio-Ware verhindert, diese Gifte überhaupt aufzunehmen. Glücklicherweise ist Kakao aus biologischem Anbau auch noch gut für die Umwelt. Die typische, kleine Bio-Kakaofarm fügt sich in den bestehenden Wald ein. Das gesunde Ökosystem aus Pflanzen, Tieren und Mikroben bekämpft Schädlinge und Krankheiten und düngt den Boden auf natürliche Weise. Da das Land als Wald erhalten bleibt, kann dieser Kohlendioxid aus der Atmosphäre aufnehmen,

die globale Erwärmung verlangsamen und einen Lebensraum für die wild lebenden Tiere bieten.

Wenn Sie eine Tafel fair gehandelter Schokolade kaufen, können Sie sicher sein, dass die Arbeiter auf der Kakaofarm einen angemessenen Lohn erhalten haben und fair behandelt wurden. Erschreckenderweise werden viele Kakaobohnen von Kinderarbeitern unter entsetzlichen Bedingungen geerntet. Tausende dieser Kinder werden auf den Kakaofarmen als Sklaven gehalten. Diese furchtbare Praxis ist vor allem in Westafrika üblich, der größten Kakao produzierenden Region der Welt. Die großen Schokoladenhersteller, die auf unethische Weise produzierten Kakao kaufen, sind langsam bei der Herbeiführung eines Wandels, und die afrikanischen Regierungen zögern ebenfalls.

Schokoladenliebhaber können selbst aktiv werden, indem sie nur jene Hersteller unterstützen, die Kakao aus Bio-Anbau verwenden, der fair gehandelt oder von der Rainforest Alliance zertifiziert wurde.

## Zur weiteren Lektüre

Bell, C. H.: „Report for link Project AFM87 – Modified atmospheres at raised temperature, an alternative to methyl bromide as a means of ensuring clean, pest-free, hygienic standards in food commodities".
*Dieser wissenschaftliche Bericht beschäftigt sich mit den Möglichkeiten der Schokoladenindustrie, die Kakao-Schädlinge zu kontrollieren. Das PDF ist auf der Internetseite zu der „Federation of Cocoa Commerce" (Kakaohandelsverband) zu finden: www.cocoafederation.com/issues/fumigation/*

Coe, Sophie D. und Michael D. Coe: „The True History of Chocolate". 2nd ed. London: Thames & Hudson, 2003.
*Eine wissenschaftliche, aber verständliche Geschichte der Schokolade.*

Dreiss, Meredith L. und Sharon Greenhill: „Chocolate: Pathway to the Gods". Tucson: University of Arizona, 2008.
*Dieses informative Buch enthält viele schöne Farbfotos und wird zusammen mit einem Dokumentarfilm auf DVD verkauft.*

Jayne-Stanes, Sara: „Chocolate: The Definitive Guide". London: Grub Street, 2005.
*Dieses britische Kochbuch bietet eine ganze Menge Informationen zur Geschichte sowie Fakten und Abbildungen rund um das Thema Schokolade.*

Terry G. Powis, W. Jeffrey Hurst et al.: „Oldest Chocolate in the New World" in „Antiquity", Vol. 81, Ausgabe 314, Dezember 2007 online zu finden unter http://antiquity.ac.uk/projgall/powis
*Dieser archäologische Artikel beschreibt die ältesten Hinweise auf die Existenz von Schokolade.*

Presilla, Maricel E.: „The New Taste of Chocolate: A Cultural and Natural History of Cacao with Recipes". Berkeley: Ten Speed, 2009.
*Dieses schön illustrierte Buch widmet sich der Geschichte der Schokolade und ihrer kulturellen Bedeutung.*

**Eine Kakaofrucht, die der Länge nach aufgeschnitten wurde, damit man ihr Inneres sieht. In Südamerika werden die vom weißen Fruchtfleisch umgebenen Samen zusammen „cacao en baba" (Kakao in Schleim) genannt.**

# Frühstück

PLUNDERGEBÄCK MIT SCHOKO-„FRISCHKÄSE"-WIRBEL  34

BANANEN-WALNUSS-MUFFINS MIT SCHOKOSTÜCKCHEN  36

PALEO-BACKPULVER  36
  OHNE EI

ARME RITTER MIT SCHOKOFÜLLUNG  38

DONUTS MIT SCHOKOLADEN-GLASUR  40

SCHOKOLADEN-BANANEN-PFANNKUCHEN  42

SCHOKOLADEN-„BUTTERMILCH"-MUFFINS  44

SCHOKOLADEN-ZUCCHINI-BROT  46

SCHOKOLADEN-MÜSLI  48
  OHNE EI

HIMBEER-WALNUSS-KEKSE MIT SCHOKOSTÜCKCHEN  50

HASELNUSS-PFANNKUCHEN MIT SCHOKOSIRUP  52

VANILLE-CRÊPES-KUCHEN MIT SCHOKOCREME  54

Dieses Rezept mag ich besonders gern. Es lässt mich eine Zeitreise in die Vergangenheit machen, denn in meiner Kindheit und Jugend aß ich alle Sorten von Plundergebäck. Statt mit Schokolade können Sie dieses Rezept auch mit erwärmtem Fruchtaufstrich ohne zugesetzten Zucker machen (zum Beispiel Bionaturae oder St. Dalfour).

# PLUNDERGEBÄCK MIT *Schoko*-„FRISCHKÄSE"-WIRBEL

### ZUTATEN FÜR DEN „FRISCHKÄSE"

1 Tasse (136 g) rohe Cashewnuss-Stückchen

1/2 Tasse ungesüßte Mandelmilch

1/4 Tasse geschmolzenes Kokosöl

2 EL Honig

2 TL Vanille-Extrakt

1 Eiweiß

1/8 TL Meersalz

### TROCKENE BACKZUTATEN

2 Tassen (224 g) gemahlene Mandeln

1/4 Tasse (34 g) Pfeilwurzelmehl

1 TL Backpulver

1/2 TL Backnatron

### FLÜSSIGE BACKZUTATEN

1/4 Tasse geschmolzenes Kokosöl

1/4 Tasse Honig

1 Ei

1 TL Vanille-Extrakt

1/8 TL flüssige Vanille-Stevia

### ZUTATEN FÜR DEN SCHOKO-WIRBEL

85 g Bitterschokolade

1/3 Tasse vollfette Kokosmilch aus der Dose

1) Den Backofen auf 160°C vorheizen.
2) Eine Backform (28 cm x 20 cm oder 20 cm x 20 cm) einfetten. Beseitestellen.
3) In einem Mixer die Zutaten für den Frischkäse (Cashewnüsse, Mandelmilch, Kokosöl, Honig, Vanille-Extrakt, Eiweiß und Salz) pürieren, bis eine geschmeidige Masse entsteht. Die Masse in eine Schüssel füllen und beseitestellen.
4) In einer Rührschüssel die trockenen Backzutaten (gemahlene Mandeln, Pfeilwurzelmehl, Backpulver und Backnatron) miteinander verrühren.
5) In einer separaten Rührschüssel mit einem Pürierstab oder Quirl die flüssigen Backzutaten (Kokosöl, Honig, Ei, Vanille-Extrakt und flüssige Vanille-Stevia) miteinander verrühren.
6) Die trockenen Backzutaten zu den flüssigen Backzutaten füllen und mithilfe eines elektrischen Handrührgeräts verrühren.
   (Vorsicht: Nicht die trockenen Zutaten versehentlich unter die Frischkäsemischung rühren.)
7) Den Teig in die gefettete Backform füllen und mit feuchten Händen oder einem flexiblen Teigschaber aus Silikon gleichmäßig verteilen und glatt streichen.
8) In einem Wasserbad die Bitterschokolade erhitzen, bis sie gerade geschmolzen ist. Vom Herd nehmen und beseitestellen.
9) Die Frischkäsemasse gleichmäßig auf dem Kuchenteig verteilen und die dicke, geschmolzene Schokolade darüberträufeln.
10) Ein Messer in Form einer Acht über den Belag ziehen, um Schokolade und Frischkäsemasse zu verwirbeln.
11) Den Kuchen ungefähr 25 Minuten backen. Auf der Arbeitsplatte abkühlen lassen, dann in den Kühlschrank stellen, damit er fest wird.

**Ergibt mindestens 6 Portionen.**

Ich liebe Bananenkuchen und Bananenmuffins, vor allem wenn Schokolade und Walnüsse mit von der Partie sind!

# BANANEN-WALNUSS-MUFFINS MIT *Schokostückchen*

**TROCKENE ZUTATEN**

1/2 Tasse (67 g) Kokosmehl, gesiebt

1/3 Tasse (51 g) Kokoszucker

1/4 Tasse (21 g) geschrotete Chia-Samen

1 TL Zimt

1/2 TL Backnatron

1/2 TL Backpulver

1/4 TL Meersalz

**FLÜSSIGE ZUTATEN**

1 Tasse zerdrückte Bananen

3 Eier

1/4 Tasse vollfette Kokosmilch aus der Dose

1/4 TL flüssige Vanille-Stevia

**ZUM UNTERHEBEN**

45 g Bitterschokolade, gehackt, oder 30 g Kakaonibs

1/2 Tasse Walnussstückchen

1) Den Backofen auf 180 °C vorheizen.
2) In einer Rührschüssel die trockenen Zutaten (Kokosmehl, Kokoszucker, geschrotete Chia-Samen, Zimt, Backnatron, Backpulver und Salz) verrühren.
3) In einer separaten Rührschüssel mit einem elektrischen Handrührgerät die flüssigen Zutaten (Bananen, Eier, Kokosmilch und flüssige Vanille-Stevia) verrühren.
4) Die trockenen Zutaten zu den flüssigen Zutaten füllen und mit dem Handrührgerät verrühren.
5) Schokolade und Walnüsse unterheben.
6) Ein Muffinblech mit Papierförmchen auslegen. Mithilfe eines großen Eisportionierers (Fassungsvermögen 1/3 Tasse) jeweils eine Kelle Teig in die Formen füllen, sodass eine abgerundete, glatte Kuppel entsteht. *Hinweis: Wenn die Oberfläche der Muffins flach ist, werden sie auch flach wieder aus dem Backofen kommen.*
7) Die Muffins ungefähr 27 Minuten backen, bis an einem Zahnstocher, den man hineinsteckt, kein Teig mehr kleben bleibt.

**Ergibt ungefähr 9 Muffins.**

Fertig gekauftes Backpulver enthält Mais. Ihr eigenes, getreidefreies Paleo-Backpulver können Sie problemlos selbst herstellen und in allen meinen Rezepten verwenden.

# *Paleo* – BACKPULVER

2 EL Backnatron

1/4 Tasse Weinstein

1/4 Tasse Pfeilwurzelmehl

1) In einem kleinen Glasgefäß mit Deckel Backnatron, Weinstein und Pfeilwurzelmehl miteinander mischen.
2) Mit dem Deckel fest verschließen. Das Gefäß kräftig schütteln, um das Backpulver gut zu mischen.
3) Ich bewahre mein Paleo-Backpulver im Kühlschrank auf.

**Ergibt mehr als 1/2 Tasse.**

Als ich noch ein Kind war, besuchte ich mit meiner Mutter manchmal ein bestimmtes Café. Mein Lieblingsgericht war dort „Arme Ritter mit Füllung". Das Brot war dick, außen knusprig, innen weich und mit Früchten gefüllt. Ich liebte den Geschmack dieser Speise, und deshalb freue ich mich besonders, Ihnen hier meine eigene Variante davon präsentieren zu können.

# ARME RITTER MIT Schokofüllung

1 Laib Pseudo-Maisbrot (Seite 120)

1/4 TL flüssige Vanille-Stevia

60 g fertig gekaufte Bitterschokolade, in Quadrate mit 2,5 cm Seitenlänge geschnitten

6 Eier

1 Tasse vollfette Kokosmilch aus der Dose

1/8 TL Meersalz

Kokosöl zum Backen

1) Das Pseudo-Maisbrot herstellen, doch 1/4 Teelöffel flüssige Vanille-Stevia zu den flüssigen Zutaten des Rezepts hinzufügen.

2) Wenn das Brot vollkommen ausgekühlt ist, die Kruste von den Seiten und der Unterseite abschneiden.

3) Den Backofen auf 150 °C vorheizen.

4) Das Brot in 4 Quadrate schneiden. Dann jedes Quadrat diagonal durchschneiden, sodass 8 Dreiecke entstehen, die ungefähr 3 cm dick sind.

5) Ein Backblech mit ungebleichtem Backpapier auslegen und die Brotstücke 15 Minuten backen.

6) Die Brotstücke wenden und weitere 15 Minuten backen. (Durch das Backen trocknet das Brot, sodass es die Eimischung aufnehmen kann.)

7) Wenn das Brot fertig gebacken ist, aus dem Ofen holen und abkühlen lassen; Backofen ausstellen.

8) Das erkaltete Brot mit einem Sägemesser an der Längsseite der Dreiecke in der Mitte längs einschneiden. Das Messer in diesem Schnitt nach links und rechts bewegen, sodass ein Hohlraum für die Schokolade entsteht.

9) Zwei Stücke Bitterschokolade in jeden Hohlraum stecken. Diesen Vorgang wiederholen, bis alle Brotstücke gefüllt sind.

10) In einer Backform (23 cm x 33 cm oder 3 l Fassungsvermögen) Eier, Kokosmilch und Salz mithilfe einer Gabel verquirlen.

11) Das gefüllte Brot in die Eimischung legen und von jeder Seite einige Minuten einweichen.

12) Eine Pfanne mit dickem Boden und 30 cm Durchmesser auf mittlerer Stufe erhitzen. Die gefüllten Arme Ritter in Kokosöl anbraten, bis sie von jeder Seite schön braun sind.

**Ergibt 8 Portionen.**

In unserem früheren Leben (mit ungesundem Essen) liebten mein Mann und ich Donuts, und dies war immer seine Lieblingssorte.

# DONUTS MIT *Schokoladen-Glasur*

## FLÜSSIGE ZUTATEN

5 Eier

1/2 Tasse Apfelmus
ohne Zuckerzusatz

1/2 Tasse Honig

1/4 Tasse geschmolzenes
Kokosöl

1 EL Vanille-Extrakt

3/4 TL flüssige Vanille-
Stevia

## TROCKENE ZUTATEN

1 Tasse (112 g) gemahlene
Mandeln

1/2 Tasse (46 g)
Kakaopulver

1/4 Tasse (34 g)
Pfeilwurzelmehl

1/4 Tasse (34 g) Kokosmehl

1 TL Backnatron

1/2 TL Meersalz

## FÜR DIE GLASUR

170 g selbst gemachte
Bitterschokolade
(Seite 172)

**1)** Den Backofen auf 180 °C vorheizen und die Donut-Formen einfetten.

**2)** In einem Mixer die flüssigen Zutaten (Eier, Apfelmus, Honig, Kokosöl, Vanille-Extrakt und flüssige Vanille-Stevia) verrühren, bis eine geschmeidige Masse entsteht.

**3)** Die trockenen Zutaten (gemahlene Mandeln, Kakaopulver, Pfeilwurzelmehl, Kokosmehl, Backnatron und Salz) hinzufügen und mit der flüssigen Masse verrühren, bis ein homogener Teig entsteht.

**4)** Den Teig ungefähr 15 Minuten ruhen lassen, bis er eingedickt ist.

**5)** Den Teig in einen großen Frischhaltebeutel aus Plastik füllen. Eine Ecke des Beutels abschneiden, sodass ein etwa 1,2 cm breites Loch entsteht. Durch dieses Loch den Teig in die Formen spritzen.

**6)** Ungefähr 12 Minuten backen, bis an einem Zahnstocher, den man hineinsteckt, kein Teig mehr kleben bleibt.

**7)** Die gebackenen Donuts einige Minuten in den Formen auskühlen lassen. Mit einem Löffel die Ränder lösen, dann die Donuts vorsichtig herausholen. Auf einem Kuchengitter vollständig auskühlen lassen.

**8)** In einem Wasserbad die Bitterschokolade schmelzen, dann vom Herd nehmen. Gelegentlich umrühren, bis die geschmolzene Schokolade nach ungefähr 5 Minuten auf Zimmertemperatur abgekühlt ist.

**9)** Die geschmolzene Schokolade in eine Schüssel füllen, die ungefähr 10 cm breit ist.

**10)** Die Donuts in die Schokolade tunken und zum Trocknen wieder auf das Kuchengitter legen.

**11)** Die Donuts in einem Glasbehälter mit Deckel aufbewahren. Sie lassen sich auch gut einfrieren.

**Ergibt 18 Donuts.**

Falls Sie noch nie gebackene Bananen gegessen haben, hoffe ich, dass Sie diese Variante probieren werden. Wenn Sie meine Anleitung und Tipps befolgen, sind sie leicht zu machen – und sie schmecken einfach fantastisch! Möglicherweise vergessen Sie sogar, dass es noch Pfannkuchen dazu gibt.

# Schokoladen-BANANEN-PFANNKUCHEN

## FÜR DIE PFANNKUCHEN

4 große Eier

1/2 Tasse vollfette Kokosmilch

1/4 Tasse Banane (ungefähr eine halbe Banane)

1/4 Tasse rohes Mandelmus

1/4 Tasse (34 g) Kokosmehl

1/4 Tasse (23 g) Kakaopulver

1 TL Vanille-Extrakt

1/4 TL Meersalz

1/4 TL flüssige Vanille-Stevia

2 EL geschmolzenes Kokosöl, plus etwas mehr für die Pfanne

## FÜR DIE GEBACKENEN BANANEN

1 Banane pro Person

Kokosöl zum Braten

### ZUBEREITUNG DER PFANNKUCHEN

1) In einem Mixer alle Zutaten für die Pfannkuchen pürieren, bis eine geschmeidige Masse entsteht; dabei das geschmolzene Kokosöl zuletzt hinzufügen.

2) Eine Pfanne (30 cm Durchmesser) auf mittlerer bis hoher Stufe einige Minuten erhitzen.

3) 1 Esslöffel geschmolzenes Kokosöl in die Pfanne geben, dann 2 Esslöffel Teig pro Pfannkuchen hinzufügen. In eine Pfanne mit 30 cm Durchmesser passen 4 Pfannkuchen auf einmal.

4) Mit der Rückseite eines Löffels den Teig glatt streichen, sodass jeder Pfannkuchen ungefähr 7,5 cm x 1,2 cm groß ist. Wenn sie größer sind, lassen sie sich nur schwer wenden.

5) Wenden, wenn die Pfannkuchen auf der Unterseite leicht gebräunt sind. Diesen Vorgang wiederholen, bis der gesamte Teig verbraucht ist.

### ZUBEREITUNG DER GEBACKENEN BANANEN

1) Für die gebackenen Bananen jede Banane in ungefähr 1,2 cm dicke Scheiben schneiden.

2) In eine Pfanne Kokosöl gießen, bis der Boden ungefähr 0,6 cm hoch bedeckt ist. Auf mittlerer Stufe erhitzen.

3) Wenn das Öl einige Minuten erhitzt wurde, die Bananen in die Pfanne geben, sodass die Scheiben flach nebeneinander liegen. Mit einer Gebäckzange die Bananenscheiben in der Pfanne zurechtrücken, sodass sie möglichst von allen Seiten von Öl umgeben sind, damit es beim Braten nicht so spritzt. Wichtig: Die Bananenscheiben während des Bratvorgangs nicht mehr bewegen; nachdem sie ins Öl gelegt wurden, ungefähr 3 Minuten nicht berühren. *Hinweis: Die genaue Bratzeit hängt von der Temperatur der Pfanne und des Öls ab – eventuell ist etwas weniger oder mehr Zeit erforderlich.*

4) Wenn die Bananen schön braun sind, die Scheiben wenden. Falls die Gebäckzange klebrig wird, ist das Wenden der Bananenscheiben schwierig – also auf eine saubere Zange achten.

5) Die Bananenscheiben auch während des Bratens der anderen Seite nicht bewegen. Nach ungefähr weiteren 3 Minuten sollten sie auf beiden Seiten braun sein; dann können sie auf die Pfannkuchen gelegt werden.

**Ergibt ungefähr 14 Pfannkuchen.**

Ein toller Trick, damit milchfreie Gerichte ein wenig Buttermilch-Aroma erhalten, besteht darin, dem Rezept einen Esslöffel Apfelessig hinzuzufügen. Das habe ich auch bei diesen himmlischen Muffins getan, und bei meinem Pfannkuchenrezept mache ich das häufig ebenfalls.

# Schokoladen–„BUTTERMILCH"-MUFFINS

## TROCKENE ZUTATEN

2 Tassen (224 g) gemahlene Mandeln

1/2 Tasse (68 g) Kokosmehl, gesiebt

1/2 Tasse (48 g) geschrotete, weiße Chia-Samen

1 TL Backnatron

1 TL Backpulver

1/2 TL Meersalz

## FLÜSSIGE ZUTATEN

4 Eier

1 Tasse vollfette Kokosmilch aus der Dose

1/4 Tasse Honig

1 EL Apfelessig

20 Tropfen flüssige Vanille-Stevia

1/4 Tasse geschmolzenes Kokosöl

## ZUM UNTERHEBEN

85 g Bitterschokolade, grob gehackt, oder 60 g Kakaonibs

**1)** Den Backofen auf 160 °C vorheizen.

**2)** In einer Rührschüssel die trockenen Zutaten verrühren (gemahlene Mandeln, Kokosmehl, geschrotete Chia-Samen, Backnatron, Backpulver und Salz).

**3)** In einer separaten Rührschüssel mit einem elektrischen Handrührgerät die flüssigen Zutaten verrühren (Eier, Kokosmilch, Honig, Apfelessig und flüssige Vanille-Stevia). Das geschmolzene Kokosöl zuletzt und bei laufendem Mixer hinzufügen.

**4)** Die trockenen Zutaten zu den flüssigen Zutaten geben und mit dem Handrührgerät verrühren.

**5)** Die Schokolade unter den Teig heben.

**6)** Ein Muffinblech mit Muffinförmchen aus Papier auslegen. Den Teig mithilfe eines großen Eisportionierers (Fassungsvermögen 1/3 Tasse) in die Förmchen füllen (jeweils eine Kelle Teig pro Förmchen), sodass die Oberfläche schön abgerundet ist. *Hinweis: Wenn die Oberfläche der Muffins flach ist, werden sie auch flach wieder aus dem Backofen kommen.*

**7)** Die Muffins ungefähr 25 Minuten backen, bis an einem Zahnstocher, den man hineinsteckt, kein Teig mehr kleben bleibt. Auf einem Kuchengitter auskühlen lassen. (Nachdem sie aus dem Backofen geholt worden sind, garen sie noch nach.)

**Ergibt 14 Muffins.**

Ich denke, die Bezeichnung „Schokoladen-Zucchini-Brot" ist ein wenig irreführend.
Es schmeckt nicht nach Zucchini und ist eher ein Kuchen als ein Brot. Doch die Worte
„Zucchini" und „Brot" erwecken den Eindruck, als äßen Sie etwas Gesundes.
Und in der Tat ist dieses Schokoladen-Zucchini-Brot so gesund wie nur möglich.
Doch der wahre Grund, diese Leckerei zu essen, ist, dass sie einfach köstlich schmeckt!

# Schokoladen-ZUCCHINI-BROT

## FEUCHTE ZUTATEN

1 1/2 Tassen geraspelte
Zucchini

5 große Eier,
in einer Schüssel mit
warmem Wasser auf
Zimmertemperatur
gebracht
(kalte Eier lassen das
Kokosöl aushärten)

1/4 Tasse geschmolzenes
Kokosöl

1/2 TL flüssige Vanille-
Stevia

## TROCKENE ZUTATEN

1/2 Tasse (78 g)
Kokoszucker

1/2 Tasse (68 g)
Kokosmehl, gesiebt

1/2 Tasse (46 g)
Kakaopulver

1 TL Backnatron

1/4 TL Meersalz

1) Den Backofen auf 180 °C vorheizen.

2) Um die Zucchini zu raspeln, die Früchte erst schälen, dann in 2,5 cm lange Stücke schneiden. In einer Küchenmaschine raspeln. Gut 1 1/2 Tassen davon abmessen. *Hinweis: Für diesen Arbeitsschritt nicht den Spiralschneider verwenden, da das Brot sonst aussieht, als sei es voller Würmer. (Ja, das ist mir einmal so ergangen …)*

3) In einer Rührschüssel die feuchten Zutaten verrühren (Zucchini, Eier, Kokosöl und flüssige Vanille-Stevia).

4) In einer separaten Rührschüssel die trockenen Zutaten verrühren (Kokoszucker, Kokosmehl, Kakaopulver, Backnatron und Salz).

5) Die trockenen und die feuchten Zutaten mithilfe eines Handmixers verrühren.

6) Eine Kastenform mit einem Stück ungebleichten Backpapier auslegen, sodass das Papier an der einen Längsseite in die Form hinabreicht und auf der anderen wieder hinauf; die beiden schmalen Enden der Kastenform mit Kokosöl einfetten.

7) Mithilfe eines flexiblen Teigschabers aus Silikon den Teig in die vorbereitete Form füllen. Das Brot ungefähr 52 Minuten backen.

8) Das Brot in der Form 5 Minuten abkühlen lassen. Dann die Enden mit einem Messer lösen und das Brot auf der Form holen. Auf einem Kuchengitter abkühlen lassen. Abdecken und bei Zimmertemperatur aufbewahren.

**Ergibt 6 Portionen.**

Ich bin begeistert, wie praktisch dieses Müsli ist. Es ist toll, morgens nach dem Aufwachen einfach ein paar Handvoll dieses Müslis in die Schüsseln zu füllen – und schon ist die Frühstücksvorbereitung getan.

# Schokoladen-MÜSLI

2 Tassen ganze Mandeln

1 Tasse Haselnüsse

1 Tasse Macadamia-Nüsse

1 Tasse Apfelmus ohne Zuckerzusatz

1/2 TL flüssige Vanille-Stevia

1/2 TL Meersalz

1/4 Tasse geschrotete Chia-Samen

1 Tasse ungesüßte Kokosraspeln

1/2 Tasse (46 g) Kakaopulver*

1/2 Tasse (80 g) Kokoszucker

*Falls Sie einen Dörrautomaten verwenden, ist dies eine gute Gelegenheit, um das Kakaopulver durch rohes Kakaopulver zu ersetzen.

1) Mandeln, Haselnüsse und Macadamia-Nüsse in eine Schüssel geben. Genug Wasser in die Schüssel füllen, sodass die Nüsse 7,5 cm hoch bedeckt sind. Über Nacht oder ungefähr 8 Stunden einweichen.

2) Das Wasser von den Nüssen abgießen. Nüsse mit frischem Wasser abspülen, Wasser wieder ablaufen lassen.

3) In einer Küchenmaschine die Nüsse in drei Portionen grob hacken.

4) In einer sehr großen Rührschüssel Apfelmus, flüssige Vanille-Stevia, Salz und geschrotete Chia-Samen miteinander verrühren.

5) Die zerkleinerten Nüsse, Kokosraspeln, Kakaopulver oder rohes Kakaopulver und Kokoszucker hinzufügen, gut umrühren.

6) Das Müsli auf mit Backpapier ausgelegten Blechen bei 50 °C im Dörrautomaten trocknen, bis es knusprig ist; alternativ im Backofen auf der niedrigsten Stufe (ungefähr 70 °C) etwa 10 Stunden backen, bis es knusprig ist.

7) Das Müsli in einem Glasgefäß mit Deckel im Kühlschrank aufbewahren.

**Ergibt ein Volumen von knapp 2 Litern.**

Für diese Kekse können Sie statt der gemahlenen Walnüsse auch einfach mehr gemahlene Mandeln verwenden – aber glauben Sie mir: Der Geschmack wird deutlich besser, wenn Sie sich die Zeit nehmen, auch Walnüsse zu mahlen. Diese liefern ein wunderbares zusätzliches Aroma.

# HIMBEER-WALNUSS-KEKSE MIT *Schokostückchen*

**TROCKENE ZUTATEN**

- 2 Tassen (213 g) gemahlene Walnüsse (Walnüsse in der Küchenmaschine fein mahlen)
- 1 3/4 Tassen (198 g) gemahlene Mandeln
- 1/4 Tasse (34 g) Kokosmehl, gesiebt
- 2 EL geschrotete Leinsamen
- 1/4 TL Meersalz
- 1/4 TL Backnatron
- 1/4 TL Backpulver

**FLÜSSIGE ZUTATEN**

- 1/2 Tasse vollfette Kokosmilch aus der Dose
- 1/4 Tasse Honig
- 1 Ei
- 1 TL Vanille-Extrakt
- 1/4 TL flüssige Vanille-Stevia

**ZUM UNTERHEBEN**

- 170 g (ungefähr 1 Tasse) frische Himbeeren
- 60 g Bitterschokolade (selbst gemacht oder fertig gekauft), zerkleinert*

*Wenn Sie selbst gemachte Schokolade nehmen, sollten die Stücke direkt vor dem Verwenden kalt aus dem Kühlschrank geholt werden

1) Den Backofen auf 180 °C vorheizen.
2) In einer Rührschüssel die trockenen Zutaten verrühren (gemahlene Walnüsse, gemahlene Mandeln, Kokosmehl, geschrotete Leinsamen, Salz, Backnatron und Backpulver).
3) In einer separaten Rührschüssel die flüssigen Zutaten verrühren (Kokosmilch, Honig, Ei, Vanille-Extrakt und flüssige Vanille-Stevia).
4) Die trockenen Zutaten zu den flüssigen Zutaten geben und mit einem elektrischen Handrührgerät verrühren, bis eine einheitliche Masse entsteht.
5) Mit einem flexiblen Teigschaber aus Silikon die Himbeeren und die Hälfte der zerkleinerten Schokolade unter den Teig heben.
6) Mit einem großen Eisportionierer (Fassungsvermögen 1/3 Tasse) abgerundete Teigstücke abstechen und auf ein mit ungebleichtem Backpapier ausgelegtes Backblech setzen.
7) Mit feuchten Händen jeden Keks flachdrücken, bis er ungefähr 7,5 cm breit ist. Nach dem Flachdrücken sollten die Kekse jeweils ungefähr 5 cm auseinander liegen.
8) Die andere Hälfte der zerkleinerten Schokolade oben auf die Kekse legen und leicht hineindrücken, sodass sie nach dem Backen noch zu sehen ist. Die Schokoladen-Stücke sollten mit der Oberfläche der Kekse abschließen, da die Schokolade ansonsten an den Seiten herunterläuft.
9) Die Kekse ungefähr 24 Minuten backen, bis an einem Zahnstocher, den man hineinsteckt, kein Teig mehr kleben bleibt. Auf einem Kuchengitter auskühlen lassen.

**Ergibt ungefähr 12 Kekse.**

Als ich bis zum Abgabetermin dieses Buches nur noch zwei Wochen Zeit hatte, war ich der Ansicht, ich sei mit den Rezepten und Fotos fertig. Dann dachte ich eines Morgens über Pfannkuchen nach und sah, dass ich noch gemahlene Haselnüsse im Kühlschrank hatte. Da kam mir die Idee zu diesem Rezept. Die Pfannkuchen schmecken so klasse, dass ich sie unbedingt in dieses Kochbuch aufnehmen musste!

# HASELNUSS-PFANNKUCHEN MIT *Schokosirup*

## ZUTATEN FÜR DIE PFANNKUCHEN

Gehäufte 1/2 Tasse (68 g) gemahlene Haselnüsse

5 Eier

1 Tasse ungesüßte Mandelmilch

1/2 Tasse (68 g) Kokosmehl

1/4 Tasse (34 g) Pfeilwurzelmehl

2 EL Kokoszucker

2 EL geschmolzenes Kokosöl

1/4 TL Backnatron

1/4 TL Meersalz

1/8 TL flüssige Vanille-Stevia

## ZUM GARNIEREN

Gehackte Haselnüsse

## ZUTATEN FÜR DEN SCHOKOSIRUP

1 Tasse vollfette Kokosmilch aus der Dose (es funktioniert weder mit Mandelmilch noch mit kalorienreduzierter Kokosmilch)

1 TL Honig

20 Tropfen flüssige Vanille-Stevia, oder mehr nach Geschmack

85 g fertig gekaufte Bitterschokolade, zerkleinert

## ZUBEREITUNG DER PFANNKUCHEN

1) In einer Küchenmaschine die Haselnüsse fein mahlen oder fertig gemahlene Haselnüsse kaufen.

2) In einem Mixer alle Pfannkuchen-Zutaten verrühren, bis eine geschmeidige Masse entsteht, und zuletzt das geschmolzene Kokosöl hinzufügen.

3) Eine Pfanne (30 cm Durchmesser) auf mittlerer bis hoher Stufe vorheizen, 1 Esslöffel Kokosöl hinzufügen.

4) Immer 4 kleine Pfannkuchen auf einmal in der Pfanne backen. Mit der Rückseite eines Löffels den Teig verteilen und glatt streichen, sodass jeder Pfannkuchen ungefähr 8,5 cm breit ist.

5) Wenden, wenn die Unterseite der Pfannkuchen hellbraun geworden ist. Auf der zweiten Seite ebenfalls so lange backen, bis sie hellbraun ist.

6) Die Pfannkuchen mit gehackten Haselnüssen bestreuen und mit Schokosirup beträufeln (siehe unten).

## ZUBEREITUNG DES SCHOKOSIRUPS

1) In einem Topf Kokosmilch, Honig und flüssige Vanille-Stevia zum Kochen bringen und gut aufpassen, dass die Mischung nicht überkocht. Hitze reduzieren und die Mischung 2 Minuten köcheln lassen.

2) Die Schokolade in eine Schüssel füllen und die heiße Kokosmilchmischung darübergießen. 2 Minuten ruhen lassen.

3) Die Mischung umrühren, in einen Mixer füllen und pürieren, bis alle Zutaten sich miteinander verbunden haben.

4) Den Sirup zum Eindicken abkühlen lassen.

**Ergibt ungefähr 15 Pfannkuchen und 1 1/3 Tassen Schokosirup.**

Ich habe das Rezept für diesen Crêpes-Kuchen in das Frühstückskapitel aufgenommen, da er nicht besonders süß ist. Der Kuchen ist eine tolle Leckerei im Rahmen eines Urlaubsfrühstücks oder eines Brunchs mit Freunden. Wer es etwas süßer mag, kann ihn mit warmem Brombeer-Fruchtaufstrich servieren. Ich bevorzuge die Marke Bionaturae, weil sie keinen Zucker zusetzt.

# VANILLE-CRÊPES-KUCHEN MIT *Schokocreme*

## CRÊPES-ZUTATEN

1 Tasse Eiweiß (vom Vanille-Schoko-Brotpudding übrig, Seite 120)*

2 ganze Eier

3/4 Tasse vollfette Kokosmilch aus der Dose

1/3 Tasse (50 g) Kokosmehl

1/4 Tasse (34 g) Pfeilwurzelmehl

1 TL Vanille-Extrakt

1/8 TL flüssige Vanille-Stevia

1/8 TL Meersalz

1 EL geschmolzenes Kokosöl, plus etwas mehr für die Pfanne

*Das Eiweiß wird bei Kokosmehlcrêpes verwendet, damit diese nicht wie Omeletts schmecken.

## SCHOKOCREME-FÜLLUNG

2 Tassen Kokoscreme**

1/2 Tasse (ungefähr 8) weiche, entsteinte Medjool-Datteln

1/4 Tasse Wasser

2 TL Vanille-Extrakt

1/4 Tasse (23 g) rohes Kakaopulver

2 EL Kokosmehl, gesiebt

Frische Brombeeren

**Um die Kokoscreme zu erhalten, stellen Sie Dosen mit vollfetter Kokosmilch über Nacht in den Kühlschrank, damit sich die flüssigen von den festen Bestandteilen trennen. Öffnen Sie die Dose und entnehmen Sie die festen Bestandteile, die sich oben abgesetzt haben. Sie können auch selbst gemachte, frische Kokoscreme verwenden (Seite 118).
Hinweis: Kokosfett oder Kokoscreme-Konzentrat eignen sich nicht zur Herstellung von Schlagsahne.

## ZUBEREITUNG DER CRÊPES

1) In einem Mixer alle Crêpes-Zutaten pürieren, bis eine geschmeidige Masse entsteht, und zuletzt das geschmolzene Kokosöl hinzufügen.

2) Eine Pfanne aus rostfreiem Stahl (20 cm Durchmesser) auf niedriger bis mittlerer Stufe erhitzen.

3) Nachdem die Pfanne 1 bis 2 Minuten erhitzt worden ist, 1/2 Teelöffel geschmolzenes Kokosöl hinzufügen und in der Pfanne schwenken.

4) 1/4 Tasse des Teigs in die Pfanne gießen.

5) Pfanne hochheben und durch Schwenken den Teig darin verteilen, damit die Crêpe etwas größer wird.

6) Wenn die Crêpe auf der Unterseite fertig ist, wenden und auf der anderen Seite nur wenige Sekunden backen.

7) Diesen Vorgang mit den restlichen Crêpes wiederholen. Vor jeder neuen Crêpe 1/2 Teelöffel geschmolzenes Kokosöl in die Pfanne gießen.

8) Vor dem Zusammensetzen mit der Schokocreme-Füllung (siehe unten) die Crêpes vollständig auskühlen lassen.

## ZUBEREITUNG DER SCHOKOCREME-FÜLLUNG

1) In einem Mixer Kokoscreme, Datteln, Wasser und Vanille-Extrakt pürieren, bis eine geschmeidige Masse entsteht. Die Mischung wird sich trennen, aber das ist in Ordnung.

2) Die Mischung in einen Topf gießen und zum Köcheln bringen, damit sich die einzelnen Bestandteile wieder miteinander mischen.

3) Das rohe Kakaopulver hinzufügen. Verquirlen, bis eine geschmeidige Masse entsteht.

4) Die Mischung in eine Rührschüssel füllen und Zimmertemperatur annehmen lassen. Dabei häufig umrühren, damit sich keine Haut bildet.

5) Die Mischung in den Kühlschrank stellen, bis sie kalt ist.

6) Das gesiebte Kokosmehl hinzufügen. Die Mischung mit einem elektrischen Handrührgerät ungefähr 1 Minute verrühren.

7) Vor dem Zusammensetzen die Schokocreme Zimmertemperatur annehmen lassen.

## ZUSAMMENSETZEN

1) Die abgekühlten Crêpes jeweils mit einer sehr dünnen Schicht Schokocreme bestreichen und übereinander stapeln.

2) Den Crêpes-Kuchen mit einer sehr dünnen Schicht Füllung abschließen und mit frischen Brombeeren garnieren.

3) Zum Servieren in schmale Tortenstücke schneiden und auf den Teller legen.

4) Im Kühlschrank oder bei Zimmertemperatur abgedeckt aufbewahren.

**Ergibt 12 oder mehr Portionen.**

# Kuchen und Torten

SCHOKOLADEN-CLAFOUTIS 58

DEUTSCHE SCHOKOLADEN-TORTE 60

SCHOKOLADEN-CUPCAKES MIT FROSTING 62

BAISERKUCHEN MIT SCHOKOSTÜCKCHEN 64

ROSENWASSER-MINI-RÜHRKUCHEN MIT WEISSER SCHOKOLADE 66

MACADAMIA-BROWNIES 68
OHNE EI

LAVA-KÜCHLEIN 70
OHNE EI

EISWAFFEL-CUPCAKES MIT SCHOKO-FROSTING 72

STRAUBEN MIT KAKAO 74

PFEFFERMINZ-SCHOKO-BROWNIES 76
OHNE EI

KIRSCH-SCHOKO-ROLLE 78

GUGELHUPF MIT GANACHE 80

GANACHE 80
OHNE EI

SCHOKO-CRÊPES-KUCHEN MIT KOKOSCREME-FÜLLUNG 82

SCHWARZWALD-CUPCAKES 84

Die Idee zu einem Clafoutis stammt aus dem Kochbuch „Small Plates & Sweet Treats"
meiner Freundin Aran Goyoaga. Das Rezept selbst wurde durch Jamie Olivers
Schokoversion inspiriert

# Schokoladen-CLAFOUTIS

2 EL geschmolzenes
Kokosöl für die Pfanne

## FLÜSSIGE ZUTATEN

1 Tasse vollfette
Kokosmilch aus der Dose

1/2 Tasse (ungefähr 8)
weiche, entsteinte
Medjool-Datteln

1/4 Tasse geschmolzenes
Kokosöl

3 Eigelb

3 ganze Eier

85 g Bitterschokolade,
über einem Wasserbad
geschmolzen

1/8 TL flüssige Vanille-
Stevia

## TROCKENE ZUTATEN

1 Tasse (112 g) gemahlene
Mandeln

1/4 Tasse (23 g)
Kakaopulver

1/4 Tasse (34 g) Kokosmehl

1/4 Tasse (39 g)
Kokoszucker

1/2 TL Meersalz

## ZUM GARNIEREN

Erdbeeren, in dünne
Scheiben geschnitten

**1)** Den Backofen auf 180 °C vorheizen.

**2)** In eine gusseiserne Pfanne (30 cm Durchmesser) 2 Esslöffel geschmolzenes
Kokosöl füllen; beiseitestellen.

**3)** In einem Mixer die flüssigen Zutaten pürieren (Kokosmilch, Datteln,
Kokosöl, Eigelb, ganze Eier, geschmolzene Schokolade und flüssige
Vanille-Stevia).

**4)** Die trockenen Zutaten (gemahlene Mandeln, Kakaopulver, Kokosmehl,
Kokoszucker und Salz) zu den flüssigen Zutaten im Mixer hinzufügen und
noch einmal pürieren.

**5)** Die Mischung in die vorbereitete Pfanne füllen.

**6)** Mit den Erdbeerscheiben belegen.

**7)** Ungefähr 30 Minuten backen, bis an einem Zahnstocher, den man
hineinsteckt, kein Teig mehr kleben bleibt. Warm servieren.

**Ergibt ungefähr 8 Portionen.**

Diese große, schöne Torte dient bei Partys und zu besonderen Anlässen als köstlicher Nachtisch. Man genießt sie am besten an dem Tag, an dem sie gemacht worden ist, denn am nächsten Tag ist die Füllung deutlich härter.

# DEUTSCHE *Schokoladen-Torte*

## TROCKENE ZUTATEN

1 1/2 Tassen (130 g) Kakaopulver

2/3 Tasse (100 g) Kokosmehl, gesiebt

2/3 Tasse (55 g) geschrotete Chia-Samen

1 TL Backnatron

1 TL Backpulver

1/2 TL Meersalz

## FLÜSSIGE ZUTATEN

10 Eier

2 Tassen Apfelmus ohne Zuckerzusatz

1/2 Tasse Honig

2 EL Vanille-Extrakt

1 TL flüssige Vanille-Stevia

1/2 Tasse geschmolzenes Kokosöl

## ZUTATEN FÜR DIE KOKOS-PEKANNUSS-CREME

1 Tasse + 2 EL ungesüßte Kokosraspeln

1 1/2 Tassen Wasser

1/2 Tasse Kokoszucker

1 EL Vanille-Extrakt

1/8 TL flüssige Vanille-Stevia

1 3/4 Tassen (1170 g im Falle der Marke Artisana) geschmolzenes Kokosöl

1 1/2 Tassen zerkleinerte Pekannüsse

## ZUBEREITUNG DER TORTENBÖDEN

1) Den Backofen auf 160 °C vorheizen.

2) Den Boden dreier Springformen (24 cm Durchmesser) mit ungebleichtem Backpapier auslegen. Beiseitestellen.

3) In einer Rührschüssel die trockenen Zutaten verrühren (Kakaopulver, Kokosmehl, geschrotete Chia-Samen, Backnatron, Backpulver und Salz).

4) In einer separaten Rührschüssel mit einem elektrischen Handrührgerät die flüssigen Zutaten verrühren (Eier, Apfelmus, Honig, Vanille-Extrakt und flüssige Vanille-Stevia), zuletzt das Kokosöl hinzufügen.

5) Die trockenen Zutaten zu den flüssigen Zutaten füllen und mit dem Handmixer verrühren.

6) Den Teig gleichmäßig auf die drei Tortenformen aufteilen und ungefähr 22 Minuten backen, bis an einem Zahnstocher, den man hineinsteckt, kein Teig mehr kleben bleibt.

7) Die Tortenböden in den Formen etwa 15 Minuten abkühlen lassen.

8) Mit einem Messer die Ränder der Tortenböden von der Form lösen. Dann vorsichtig die Tortenböden herausholen und vor dem Zusammensetzen auf einem Kuchengitter vollständig abkühlen lassen.

## ZUBEREITUNG DER KOKOS-PEKANNUSS-CREME

1) Den Backofen auf 180 °C vorheizen.

2) Kokosraspeln 5 bis 10 Minuten rösten; dabei einmal umrühren und gut im Auge behalten, damit sie nicht anbrennen. Beiseitestellen.

3) In einem kleinen Topf auf niedriger Stufe das Wasser und den Kokoszucker zusammen zum Köcheln bringen, bis sich der Zucker gerade aufgelöst hat.

4) Das Zuckerwasser in eine Rührschüssel gießen, Vanille-Extrakt, flüssige Vanille-Stevia hinzufügen. Gut verrühren.

5) Geschmolzenes Kokosfett, Pekannüsse und 1 Tasse der gerösteten Kokosraspeln hinzufügen. Gut verrühren.

## ZUSAMMENSETZEN

1) Die Creme ungefähr eine halbe Stunde ruhen lassen. Wenn sie länger steht, wird sie zu fest; in diesem Fall einige Minuten im Wasserbad über leicht köchelndem Wasser erwärmen, damit die Creme wieder weich wird.

2) Einen der Tortenböden auf eine Tortenplatte legen und ein Drittel der Kokos-Pekannuss-Creme darauf verteilen.

3) Den zweiten Tortenboden auf die Creme-Schicht legen. Ein weiteres Drittel der Creme darauf verteilen.

4) Den letzten Tortenboden daraufsetzen und die restliche Creme als Abschluss daraufstreichen.

5) Die Torte mit den restlichen 2 Esslöffeln gerösteten Kokosraspeln und zusätzlichen Pekannussstückchen garnieren.

6) Zum Servieren in schmale Tortenstücke schneiden und auf den Teller legen.

7) Bei Zimmertemperatur abgedeckt aufbewahren. Nicht in den Kühlschrank stellen.

**Ergibt 12 bis 16 Portionen.**

TIPP: Heben Sie die runden Backpapierstücke auf, um sie beim nächsten Mal erneut zu verwenden.

Die Idee für dieses Rezept stammt von einigen Frostings, die ich bei dem sozialen Netzwerk Pinterest gesehen habe. Und Plätzchenteig mag doch einfach jeder!

# Schokoladen-CUPCAKES MIT FROSTING

## TROCKENE ZUTATEN

3/4 Tassen (62 g) Kakaopulver

1/3 Tasse (50 g) Kokosmehl, gesiebt

1/3 Tasse (29 g) geschrotete Chia-Samen

1/2 TL Backnatron

1/2 TL Backpulver

1/4 TL Meersalz

## FLÜSSIGE ZUTATEN

5 Eier

1 Tasse Apfelmus ohne Zuckerzusatz

1/4 Tasse Honig

1 EL Vanille-Extrakt

1/2 TL flüssige Vanille-Stevia

1/4 Tasse geschmolzenes Kokosöl

## ZUTATEN FÜR DAS FROSTING

1 Tasse Kokosfett

1/2 Tasse Honig

2 TL Vanille-Extrakt

1/4 Tasse (34 g) Kokosmehl, gesiebt

1/4 Tasse (34 g) gemahlene Mandeln

1/4 TL Meersalz

Flüssige Vanille-Stevia nach Geschmack

Gelbe natürliche Lebensmittelfarbe von India Tree (optional)

Fein gehackte Bitterschokolade zum Garnieren

## ZUBEREITUNG DER CUPCAKES

1) Den Backofen auf 160 °C vorheizen.

2) In einer Rührschüssel die trockenen Zutaten vermischen (Kakaopulver, Kokosmehl, geschrotete Chia-Samen, Backnatron, Backpulver und Salz).

3) In einer separaten Rührschüssel mit einem elektrischen Handrührgerät die flüssigen Zutaten verrühren (Eier, Apfelmus, Honig, Vanille-Extrakt und flüssige Vanille-Stevia), zuletzt das geschmolzene Kokosöl hinzufügen.

4) Die trockenen Zutaten zu den flüssigen Zutaten geben und mit einem elektrischen Mixer verrühren.

5) Ein Muffinblech mit 12 ungebleichten Papierförmchen auslegen und diese zu drei Vierteln mit Teig füllen.

6) Die Muffins ungefähr 28 Minuten backen, bis an einem Zahnstocher, den man hineinsteckt, kein Teig mehr kleben bleibt. Vor der weiteren Verarbeitung vollständig auskühlen lassen.

## ZUBEREITUNG DES FROSTINGS

1) Kokosfett, Honig, Vanille-Extrakt, Kokosmehl, gemahlene Mandeln, Salz, flüssige Vanille-Stevia und (gegebenenfalls) Lebensmittelfarbe miteinander verrühren. *Hinweis: Wenn Sie möchten, können Sie noch mehr gemahlene Mandeln hinzufügen, damit das Frosting noch mehr nach Plätzchenteig schmeckt. Allerdings kann es sein, dass Sie dieses Frosting dann nicht mehr aufspritzen können, sondern verstreichen müssen.*

2) Den Teig auf die Cupcakes spritzen. Dafür verwende ich den „#1M Open Star Tip". Das Frosting (nach Rezept, ohne zusätzliches Mandelmehl) schmeckt am nächsten Tag sogar noch besser. Das Kokosmehl und die gemahlenen Mandeln nehmen etwas Feuchtigkeit auf, sodass das Frosting dann ein wenig fester wird.

3) Die zerkleinerte Schokolade darüberstreuen.

**Ergibt 12 Cupcakes mit Frosting.**

Dieser Kuchen entstand per Zufall, als ich versuchte, locker-luftige Donuts zu backen. Nach einigen Tests kam dieser Teig heraus, und mir wurde klar, dass ich damit einen tollen Kuchen kreieren könnte. Also füllte ich den Teig in eine Springform mit 18 Zentimetern Durchmesser (die ich liebe, wie Sie vielleicht schon gemerkt haben) – und das Ergebnis fanden alle köstlich.

# BAISERKUCHEN MIT *Schokostückchen*

4 große Eier, getrennt

1/4 TL Weinstein

1 TL Vanille-Extrakt

1/8 TL flüssige Vanille-Stevia

1/4 Tasse Honig

1/4 Tasse ungesüßte Mandelmilch

Prise Meersalz

1/4 Tasse (34 g) Kokosmehl, gesiebt

## ZUM UNTERHEBEN

85 g Bitterschokolade, zerkleinert

1) Den Backofen auf 180 °C vorheizen.

2) Den Boden einer Springform (18 cm Durchmesser) mit ungebleichtem Backpapier auslegen und den Rand leicht einfetten.

3) In einer kleinen Rührschüssel mit einem elektrischen Handrührgerät das Eiweiß mit Weinstein, Vanille-Extrakt und flüssiger Vanille-Stevia zu festem Schnee schlagen. Dafür müssen die Schüssel und die Rührbesen des Mixers vollkommen sauber und frei von Fett sein. Eischnee beiseitestellen.

4) In einer separaten Schüssel mit dem elektrischen Handmixer Eigelb und Honig 3 Minuten schlagen, bis sie eine sehr blasse Färbung haben.

5) Mandelmilch und Salz zur Eigelbmischung hinzufügen und einige Sekunden verrühren.

6) Das gesiebte Kokosmehl zur Eigelbmischung hinzufügen und einige Sekunden verrühren, bis die Zutaten einen homogene Teig bilden.

7) Rasch die Kokosmehl-Teigmischung mit einem flexiblen Teigschaber aus Silikon unter den Eischnee heben. Dieser Arbeitsschritt muss schnell erfolgen, da das Kokosmehl sofort beginnt, die Flüssigkeit aufzunehmen und den Teig einzudicken, sodass es dann schwierig wird, einen homogenen Teig zu erhalten.

8) Die zerkleinerte Schokolade vorsichtig unterheben.

9) Den Teig in die vorbereitete Springform füllen und ungefähr 25 Minuten backen, bis die Mitte des Kuchens gerade fertig gebacken, aber noch etwas locker ist.

10) Nachdem der Kuchen aus dem Backofen geholt worden ist, sofort mit einem Messer einmal zwischen Kuchen- und Springformrand herumschneiden, aber den Kuchen in der Form vollständig auskühlen lassen.

11) Dieser Kuchen ist sehr luftig und köstlich, sodass es schwierig ist, ihn in Stücke zu schneiden. Dafür am besten ein Sägemesser verwenden, das vor jedem Schnitt in einem hohen Glas mit heißem Wasser erwärmt und dann abgetrocknet wird.

12) Bei Zimmertemperatur oder im Kühlschrank aufbewahren.

**Ergibt 6 Portionen.**

Als ich begann, mir für dieses Buch Gedanken über tolle Schoko-Rezepte zu machen, beschloss ich, mir auch etwas mit Rosenwasser und weißer Schokolade auszudenken. Diese Mini-Kuchen stellen die ideale Kombination dieser beiden Zutaten dar. Sollte es Ihnen nicht schmecken, können Sie das Rosenwasser einfach durch mehr Kokosmilch ersetzen, wie im Rezept angegeben.

# ROSENWASSER-MINI-RÜHRKUCHEN MIT WEISSER *Schokolade*

### ZUTATEN FÜR DIE ROSENCREME

1/4 Tasse vollfette Kokosmilch aus der Dose

1/4 Tasse Rosenwasser (oder eine weitere 1/4 Tasse Kokosmilch für Vanille-Rührkuchen)

1/2 Tasse Honig

1/2 Tasse Cashewnuss-Stückchen

1 EL Zitronensaft

### TROCKENE BACKZUTATEN

2/3 Tasse (95 g) Kokosmehl, gesiebt

1/4 Tasse (35 g) Pfeilwurzelmehl

1 TL Backnatron

### FLÜSSIGE BACKZUTATEN

4 Eier

1/3 Tasse vollfette Kokosmilch aus der Dose

1 EL Vanille-Extrakt

1/2 TL flüssige Vanille-Stevia

1/4 Tasse geschmolzenes Kokosöl

### ZUM GARNIEREN

130 g selbst gemachte weiße Schokolade (Seite 174)

1) Den Backofen auf 160 °C vorheizen.
2) In einem Mixer die Zutaten für die Rosencreme pürieren (Kokosmilch, Rosenwasser, Honig, Cashewnüsse und Zitronensaft), bis eine geschmeidige Masse entsteht. Beiseitestellen.
3) In einer Rührschüssel die trockenen Backzutaten mischen (Kokosmehl, Pfeilwurzelmehl und Backnatron).
4) In einer separaten Rührschüssel mit einem elektrischen Handrührgerät die Rosencreme und die flüssigen Backzutaten verrühren (Eier, Kokosmilch, Vanille-Extrakt und flüssige Vanille-Stevia), zuletzt bei laufendem Mixer das geschmolzene Kokosöl hinzufügen.
5) Die trockenen Zutaten zu den flüssigen Zutaten geben und mit dem Mixer verrühren.
6) 5 leicht gefettete Mini-Kuchenformen zu drei Vierteln mit dem Teig füllen.
7) Die Kuchenformen auf ein Backblech stellen und ungefähr 32 Minuten backen, bis an einem Zahnstocher, den man hineinsteckt, kein Teig mehr kleben bleibt.
8) In den Formen 5 Minuten abkühlen lassen. Dann die Kuchen vorsichtig aus der Form lösen und auf einem Kuchengitter vollständig abkühlen lassen.

### ZUSAMMENSETZEN

1) Die kleinen Kuchen ungefähr 15 Minuten in das Gefrierfach stellen. (Die weiße Schokolade haftet auf der kalten Oberfläche besser, wenn sie an den Seiten herunterläuft.)
2) In einem Wasserbad die weiße Schokolade schmelzen. Sobald die weiße Schokolade gerade geschmolzen ist, vom Herd nehmen.
3) Die weiße Schokolade ungefähr 5 Minuten auf Zimmertemperatur abkühlen lassen, dabei gelegentlich umrühren.
4) Die Mini-Kuchen aus dem Gefrierfach holen und langsam die weiße Schokolade darübergießen.
5) Die Küchlein warm oder auf Zimmertemperatur servieren.
6) Abdecken und über Nacht bei Zimmertemperatur aufbewahren oder für eine längere Lagerung in den Kühlschrank stellen. Sie schmecken am Tag nach der Zubereitung am besten.

**Ergibt 5 Minikuchen.**

Da ich die Kombination von Schokolade und Macadamia-Nüssen liebe, wollte ich sie in mehr als einem Rezept verwenden. Wenn Sie allerdings keine Macadamia-Nüsse mögen, können Sie stattdessen auch Mandelmus nehmen.

# MACADAMIA-Brownies

**TROCKENE ZUTATEN**

1/4 Tasse (34 g) Kokosmehl, gesiebt

1/4 Tasse (23 g) Kakaopulver

2 EL geschrotete Leinsamen

1 TL Backpulver

1/2 TL Backnatron

**FLÜSSIGE ZUTATEN**

1 Tasse Macadamia- und Cashewbutter (Ich verwende ein 230 g-Glas Macadamia-Butter mit Cashewnüssen von Artisana.)

1/2 Tasse vollfette Kokosmilch aus der Dose

1/4 Tasse Honig

1 EL Vanille-Extrakt

1/4 TL flüssige Vanille-Stevia

**ZUM GARNIEREN**

Handvoll zerkleinerte Macadamia-Nüsse (optional)

1) Den Backofen auf 160 °C vorheizen.
2) Eine Backform (20 cm x 20 cm) fetten und beiseitestellen.
3) In einer Rührschüssel die trockenen Zutaten mischen (Kokosmehl, Kakaopulver, geschrotete Leinsamen, Backpulver und Backnatron).
4) In einer separaten Rührschüssel mit einem elektrischen Handrührgerät die flüssigen Zutaten verrühren (Macadamia- und Cashewbutter, Kokosmilch, Honig, Vanille-Extrakt und flüssige Vanille-Stevia).
5) Die trockenen Zutaten zu den flüssigen Zutaten geben und mit dem Handmixer verrühren.
6) Den Teig in die vorbereitete Form füllen und gleichmäßig verteilen.
7) Die zerkleinerten Macadamia-Nüsse (sofern gewünscht) über den Teig streuen.
8) Ungefähr 30 Minuten backen, bis an einem Zahnstocher, den man hineinsteckt, kein Teig mehr kleben bleibt.
9) Die Brownies halten sich am besten zusammen, wenn sie gekühlt werden. Ich teile sie gern in Quadrate, die ich dann diagonal durchschneide, sodass Dreiecke entstehen.

**Ergibt 8 Brownies.**

Lava-Küchlein, geschmolzener Schokokuchen, Pudding-Kuchen – wie auch immer Sie diese Versuchung nennen: Ein Schokoladen-Kochbuch kommt auf keinen Fall ohne dieses Rezept aus!

# LAVA-*Küchlein*

## TROCKENE ZUTATEN

1 1/2 Tassen (168 g) gemahlene Mandeln

1/4 Tasse (34 g) Kokoszucker

2 EL (17 g) Pfeilwurzelmehl

1/2 TL Backnatron

1/2 TL Backpulver

## FLÜSSIGE ZUTATEN

85 g Bitterschokolade, über einem Wasserbad geschmolzen

1/4 Tasse Apfelmus ohne Zuckerzusatz

2 EL geschmolzenes Kokosöl

2 TL Vanille-Extrakt

1/8 TL flüssige Vanille-Stevia

## ZUM GARNIEREN

30 g Bitterschokolade, in große Stücke gebrochen*

*Selbst gemachte Schokolade eignet sich hier am besten. Fertig gekaufte Schokolade wird schneller fest, sodass die Küchlein dann sofort serviert werden müssen!

1) Den Backofen auf 200 °C vorheizen.
2) In einer Rührschüssel die trockenen Zutaten mischen (gemahlene Mandeln, Kokoszucker, Pfeilwurzelmehl, Backnatron und Backpulver).
3) In einer separaten Rührschüssel mit einem elektrischen Handrührgerät die flüssigen Zutaten verrühren (geschmolzene Schokolade, Apfelmus, Kokosöl, Vanille-Extrakt und flüssige Vanille-Stevia).
4) Die trockenen Zutaten zu den flüssigen Zutaten geben und mit dem Handmixer verrühren.
5) 4 kleine (Fassungsvermögen 1/3 Tasse) Auflaufförmchen fetten und den Teig gleichmäßig auf die Formen aufteilen. Der Teig ist recht dick und sieht fast wie Plätzchenteig aus.
6) Die Schokoladen-Stücke in der Mitte jeder Auflaufform teilweise in den Teig hineindrücken.
7) Die Auflaufformen auf ein Backblech stellen und ungefähr 18 Minuten backen, bis an einem Zahnstocher, den man hineinsteckt, kein Teig mehr kleben bleibt.
8) Vor dem Servieren einige Minuten abkühlen lassen. Beim Abkühlen werden die Schokostücke in der Mitte fest.

**Ergibt 4 Küchlein.**

Meine älteste Tochter bittet mich immer wieder, Cupcakes in Eiswaffelform zu backen. Als ich eine Cupcake-Backform in Eiswaffelform fand, musste ich sie unbedingt für sie kaufen. Natürlich können Sie dieses Rezept auch als normale Cupcakes herstellen. „Was sind das für hübsche, rote Sprenkel?", werden Sie sich fragen. Es handelt sich einfach um gemahlene, gefriergetrocknete Erdbeeren. Sie sehen nicht nur hübsch aus, sondern schmecken auch noch klasse!

# EISWAFFEL-CUPCAKES MIT *Schoko*-FROSTING

### ZUTATEN FÜR DIE CUPCAKES

1 Rezept Gugelhupf (Seite 80)

### ZUTATEN SCHOKO-FROSTING

1 Tasse Kokosfett

1/2 Tasse Honig

2 TL Vanille-Extrakt

1/4 Tasse (34 g) Kokosmehl, gesiebt

1/4 Tasse (23 g) rohes Kakaopulver, gesiebt

1/8 TL Meersalz

Flüssige Vanille-Stevia nach Geschmack

### ZUM GARNIEREN

Gefriergetrocknete Erdbeeren, gemahlen

### ZUBEREITUNG DER CUPCAKES

1) Den Backofen auf 160 °C vorheizen.
2) Den Teig nach dem Gugelhupf-Rezept zubereiten.
3) Die Eiswaffel-Cupcakeform ein wenig einfetten und jede Mulde zu drei Vierteln mit Teig füllen.
4) Die Cupcakes ungefähr 18 Minuten backen, bis an einem Zahnstocher, den man hineinsteckt, kein Teig mehr kleben bleibt.
5) Cupcakes in der Form 15 Minuten abkühlen lassen. Dann vorsichtig zum vollständigen Abkühlen auf ein Kuchengitter stellen.

### ZUBEREITUNG DES SCHOKO-FROSTINGS

1) Alle Zutaten verrühren (Kokosfett, Honig, Vanille-Extrakt, Kokosmehl, rohes Kakaopulver, Salz und Stevia.
2) Das Frosting auf die abgekühlten Cupcakes spritzen. Dafür verwende ich den „#1M Open Star Tip". Mit gemahlenen, gefriergetrockneten Erdbeeren bestreuen.

**Ergibt 6 Cupcakes mit Frosting.**

Ich gebe zu, dass dieses Rezept nicht viel Schokolade enthält, aber ich finde die Idee toll, eine gesündere Variante dieses traditionellen Gebäcks zuzubereiten, bei der Kakaopulver statt Puderzucker zum Bestäuben verwendet wird

# STRAUBEN MIT *Kakao*

## AUSRÜSTUNG

1 große Pfanne oder großer Topf mit dickem Boden, ungefähr 23 cm Durchmesser und 10 cm Höhe

1 kleiner Spritzschutz (klein genug, um in das Innere der Pfanne oder des Topfes zu passen, wenn der Griff im 90-Grad-Winkel nach oben gebogen ist) *

Zuckerthermometer

Ausreichend Kokosöl, um den Topf oder die Pfanne ungefähr 5 cm hoch zu füllen **

1 Messbecher (Fassungsvermögen 1 Tasse)

Pfannenwender aus rostfreiem Stahl

Kleines Sieb

## ZUTATEN

1 1/4 Tassen (146 g) gemahlene Mandeln

1 Tasse ungesüßte Mandelmilch

5 Eier

1/4 Tasse (34 g) Kokosmehl

1/4 Tasse (34 g) Pfeilwurzelmehl

2 EL Honig

1/4 TL Meersalz

1/4 TL Backnatron

1/4 TL flüssige Vanille-Stevia

2 EL geschmolzenes Kokosöl

## ZUM BESTÄUBEN

Rohes Kakaopulver

1) Alle Zutaten in einen Mixer füllen, zuletzt (direkt vor dem Mixen) das geschmolzene Kokosöl hinzufügen; alles pürieren. Den Teig beiseitestellen.
2) So viel Kokosöl in den Topf oder die Pfanne gießen, dass der Boden ungefähr 5 cm hoch bedeckt ist. Auf mittlerer Stufe erhitzen.
3) Den Griff des Spritzschutzes nach oben klappen, sodass er im rechten Winkel absteht. Den Spritzschutz auf das Öl setzen (siehe Abbildung).
4) Das Zuckerthermometer in das Öl stellen.
5) Den Messbecher halb füllen – oder zu drei Vierteln, wenn ein dickerer Teig gewünscht wird. Darauf achten, dass der Messbecher trocken ist, bevor der Teig hineinkommt: Wenn Wasser mit Öl in Kontakt kommt, spritzt es, sodass man sich verbrennen könnte.
6) Wenn das Thermometer 165 °C erreicht, Topfhandschuhe anziehen und das Thermometer herausholen. Langsam mit einer Drehbewegung den Teig in das Öl gießen.
7) Wenn der Spritzschutz schwimmt, mit den Händen in den Topfhandschuhen den Spritzschutz am Griff herunterdrücken.
8) Nach 5 bis 10 Sekunden den Spritzschutz am Griff hochheben, um den Straube herauszuholen. Überschüssiges Öl in den Topf abtropfen lassen.
9) Den Spritzschutz auf einen Teller legen und mit dem Stahl-Pfannenwender das Gebäck vom Spritzschutz lösen.
10) Mithilfe des Siebs die Oberseite des Strauben mit rohem Kakaopulver bestäuben. Heiß servieren.
11) Die Krümel vom Spritzschutz schaben. Dann den Spritzschutz wieder in den Topf legen.
12) Das Thermometer wieder in den Topf stellen. Wenn es 165 °C anzeigt, den nächsten Strauben backen.
13) Etwaigen übrigen Teig in einem Glasgefäß im Kühlschrank aufbewahren und vor der Verwendung eine Stunde Zimmertemperatur annehmen lassen. Dieses Erwärmen kann beschleunigt werden, wenn man das Gefäß in eine Schale mit heißem Wasser stellt. Um übrige Strauben wieder aufzuwärmen, den Backofen auf 190 °C vorheizen. Dann das Gebäck auf ein Backblech legen und ungefähr 5 Minuten backen, bis sie heiß sind.

**Ergibt ungefähr 5 Strauben.**

*Wenn der Stahlgriff des Spritzschutzes innen aus Plastik besteht, sollten Sie mit einem Hammer das Plastik zertrümmern und entfernen. Ansonsten schmilzt das Plastik durch das heiße Öl. Einen Spritzschutz können Sie im Haushaltswarenladen oder bei Amazon.com kaufen.

**Ich weiß nicht, ob man dieses Gebäck auch in einem anderen Öl als in Kokosöl ausbacken kann

Als ich dieses Buch schrieb, saß ich eines Tages in meinem Lieblingscafé – und da lag eine Kochzeitschrift mit fettreduzierten Rezepten am Tisch. Vom Cover lachten mich Pfefferminz-Schoko-Brownies an, die äußerst lecker aussahen. Ich schlug das Rezept erst gar nicht nach. Denn es würde sicher eine Menge Zutaten enthalten, die für mich nicht infrage kommen. Ich eilte gleich nach Hause, um mein eigenes Rezept zu kreieren.

# PFEFFERMINZ-Schoko-BROWNIES

## TROCKENE ZUTATEN

1/4 Tasse (34 g) Kokosmehl, gesiebt

1/4 Tasse (23 g) Kakaopulver

2 EL geschrotete Leinsamen

1 TL Backpulver

1/2 TL Backnatron

## FLÜSSIGE ZUTATEN

1 Tasse Mandelmus

1/2 Tasse vollfette Kokosmilch aus der Dose

1/4 Tasse Honig

1 EL Vanille-Extrakt

1/4 TL flüssige Vanille-Stevia

## ZUM GARNIEREN

Handvoll zerkleinerte Macadamia-Nüsse (optional)

## ZUTATEN PFEFFERMINZ-SCHICHT

1 Tasse geschmolzenes Kokosfett oder Kokoscreme-Konzentrat

1/4 Tasse Wasser

2 EL Honig

1 TL Vanille-Extrakt

1/4 TL alkoholfreier Pfefferminz-Extrakt (oder weniger, wenn alkoholhaltiger Pfefferminz-Extrakt verwendet wird)

1/4 TL gelbe natürliche Lebensmittelfarbe von India Tree (optional)

3/4 TL blaue natürliche Lebensmittelfarbe von India Tree (optional)

## REZEPT GANACHE (SEITE 80)

## ZUBEREITUNG DER BROWNIES

1) Den Backofen auf 160 °C vorheizen.
2) Eine Backform (20 cm x 20 cm) einfetten und beiseitestellen.
3) In einer Rührschüssel die trockenen Zutaten mischen (Kokosmehl, Kakaopulver, geschrotete Leinsamen, Backpulver und Backnatron).
4) In einer separaten Rührschüssel mit einem elektrischen Handrührgerät die flüssigen Zutaten verrühren (Mandelmus, Kokosmilch, Honig, Vanille-Extrakt und flüssige Vanille-Stevia).
5) Die trockenen Zutaten zu den flüssigen Zutaten geben und mit dem Handmixer verrühren.
6) Den Teig in die vorbereitete Form füllen und gleichmäßig verteilen.
7) Zerkleinerte Macadamia-Nüsse (sofern gewünscht) darüberstreuen.
8) Ungefähr 30 Minuten backen, bis an einem Zahnstocher, den man hineinsteckt, kein Teig mehr kleben bleibt.
9) Die Brownies vollständig auskühlen lassen, bevor Pfefferminz-Schicht und Ganache darauf verteilt werden.

## ZUBEREITUNG DER PFEFFERMINZ-SCHICHT

1) Alle Zutaten miteinander verrühren (Kokosfett oder Kokoscreme-Konzentrat, Wasser, Honig, Vanille-Extrakt, Pfefferminz-Extrakt und gegebenenfalls Lebensmittelfarben).
2) Die Pfefferminz-Masse gleichmäßig auf die ausgekühlten Brownies streichen.
3) Die Ganache gleichmäßig auf der Pfefferminz-Schicht der Brownies verteilen.
4) Die fertigen Brownies ein paar Stunden ruhen lassen, damit Pfefferminz-Schicht und Ganache fest werden.
5) Brownies abgedeckt bei Zimmertemperatur aufbewahren. Pfefferminz-Schicht und Ganache würden im Kühlschrank zu fest werden.

*Hinweis: Wenn Sie für die Pfefferminz-Schicht Lebensmittelfarben von India Tree verwenden, sieht die Farbe zunächst schrecklich aus. Doch keine Sorge: Nachdem die Schicht ein paar Stunden ruhen konnte, wird sie wie auf dem Foto aussehen.*

Kuchen und Torten

Dieser Kuchen mag kompliziert aussehen, ist aber in der Tat sehr leicht zu machen. Er schmeckt fantastisch mit Kirschen, wenn diese gerade Saison haben, doch selbstverständlich können Sie ihn auch zu jeder anderen Jahreszeit zubereiten. Verwenden Sie bei der Füllung Erdbeer- statt Amaretto-Extrakt, und garnieren Sie die fertige Rolle mit frischen Erdbeeren, oder lassen Sie den Extrakt ganz weg und verwenden Sie Ihr Lieblingskompott zum Garnieren.

# KIRSCH-*Schoko*-ROLLE

**ZUTATEN FÜR DEN TEIG**

1 EL Honig

4 Eier, getrennt

20 Tropfen flüssige Vanille-Stevia

Prise Meersalz

1/2 Tasse (46 g) Kakaopulver, gesiebt

**ZUTATEN FÜR DIE FÜLLUNG**

1 Tasse Kokosfett

1/2 Tasse Honig

1/4 Tasse (34 g) Kokosmehl, gesiebt

1/4 Tasse (34 g) gemahlene Mandeln

1/4 TL Mandel- oder Amaretto-Extrakt (Ich verwende die Marke Olive Nation.)

1/8 TL Meersalz

Flüssige Vanille-Stevia nach Geschmack

Kirschen zum Garnieren

**ZUBEREITUNG DES TEIGS**

1) Den Backofen auf 220 °C vorheizen.
2) Ungebleichtes Backpapier leicht mit Kokosöl einfetten und das gefettete Papier mit Kakaopulver bestäuben; überschüssigen Kakao abschütteln. Das auf diese Weise vorbereitete Backpapier auf ein Backblech legen und beiseitestellen.
3) 2 mittelgroße Rührschüsseln bereitstellen. Honig und Eigelb in eine der Schüsseln füllen, Eiweiß, flüssige Vanille-Stevia und Salz in die andere.
4) Mit einem elektrischen Handrührgerät das Eiweiß zu steifem Schnee schlagen. (Es ist wichtig, dass zuerst das Eiweiß geschlagen wird.) Beiseitestellen.
5) Dann Eigelb und Honig 3 Minuten verrühren, bis sie eine sehr blasse Färbung annehmen.
6) Mit einem flexiblen Teigschaber aus Silikon die Eigelbmischung in die Schüssel mit dem Einschnee füllen.
7) Das gesiebte Kakaopulver hinzufügen. Eigelbmischung und Kakao vorsichtig unter den Eischnee heben. Ein Teil der Luftigkeit wird dabei verloren gehen, aber das ist in Ordnung.
8) Den Teig auf das vorbereitete Backpapier gießen. Mit dem Teigschaber verteilen, sodass ein 23 cm x 30 cm großes Rechteck entsteht.
9) Den Kuchen ungefähr 6 Minuten backen. Er wird dabei leichte Risse bekommen.
10) Mithilfe des Backpapiers den Kuchen auf ein Kuchengitter heben; das Backpapier befindet sich also zwischen Kuchengitter und Kuchen. Den Kuchen mit einem angefeuchteten Geschirrtuch abdecken und vollständig auskühlen lassen, bevor die Füllung darauf verteilt wird.

**ZUBEREITUNG DER FÜLLUNG**

1) In einer Rührschüssel mit einem elektrischen Handrührgerät Kokosfett, Honig, Kokosmehl, gemahlene Mandeln, Mandel- oder Amaretto-Extrakt, Salz und flüssige Vanille-Stevia verrühren.
2) Mit einem flexiblen Teigschaber aus Silikon etwas mehr als die Hälfte der Füllung auf den abgekühlten Kuchen streichen. *Hinweis: Wenn Sie zu viel Füllung nehmen, sackt der Kuchen in sich zusammen wie ein platter Reifen. Bei zu wenig Füllung zerbricht der Kuchen beim Aufrollen zu stark.*
3) Mithilfe des Backpapiers den Kuchen am kurzen Ende anheben und beginnen, ihn eng aufzurollen. Dabei kann der Kuchen Risse bekommen, doch diese werden am Ende nicht mehr zu sehen sein.
4) Die Kirsch-Schoko-Rolle mit der Nahtstelle nach unten auf eine Servierplatte legen. Die Enden gerade abschneiden. Die restliche Füllung auf die Rolle löffeln und mit Kirschen garnieren.
5) Die Kuchenrolle abdecken und bei Zimmertemperatur aufbewahren.

**Ergibt 6 Portionen.**

Vor zehn Jahren (als ich mich noch deutlich anders ernährte) erfuhr ich, dass man Schmand oder saure Sahne unter eine Fertigbackmischung rühren kann, damit der Kuchen saftiger und gehaltvoller schmeckt. Diesen Gedanken habe ich wieder aufgegriffen und eine Creme aus Cashewnüssen, Honig, Kokosmilch und Zitronensaft kreiert. Obwohl sie milchfrei ist, erzielt sie die gleiche fantastische Wirkung.

# GUGELHUPF MIT *Ganache*

### ZUTATEN FÜR DIE CREME

- 1/2 Tasse vollfette Kokosmilch aus der Dose
- 1/2 Tasse Honig
- 1/2 Tasse Cashewnuss-Stückchen
- 1 EL Zitronensaft

### TROCKENE ZUTATEN FÜR DEN KUCHEN

- 1/4 Tasse (35 g) Pfeilwurzelmehl + 2 EL für die Form
- 2/3 Tasse (95 g) Kokosmehl, gesiebt
- 1 TL Backnatron

### FLÜSSIGE ZUTATEN FÜR DEN KUCHEN

- 4 Eier
- 1/3 Tasse vollfette Kokosmilch aus der Dose
- 1 EL Vanille-Extrakt
- 1/2 TL flüssige Vanille-Stevia
- 1/4 Tasse geschmolzenes Kokosöl

1) Den Backofen auf 160 °C vorheizen.
2) Eine Gugelhupfform einfetten. *Anmerkung: Ich verwende eine Gugelhupfform aus Keramik, die ich bei eBay gekauft habe, da ich Antihaftbeschichtungen, wenn möglich, meide. Wenn Ihre Gugelhupfform nicht aus Keramik besteht, kann sich die Backzeit ändern.*
3) Die gefettete Gugelhupfform mit 2 EL Pfeilwurzelmehl ausstauben. Leicht von allen Seiten gegen die Form klopfen, damit sich das Mehl gleichmäßig verteilt, und überschüssiges Mehl aus der Form schütteln. Die Gugelhupfform beiseitestellen.
4) In einem Standmixer die Zutaten für die Creme verrühren (Kokosmilch, Honig, Cashew-Stückchen und Zitronensaft), bis eine geschmeidige Masse entsteht. Die Creme beiseitestellen.
5) In einer Rührschüssel die trockenen Backzutaten mischen (Pfeilwurzelmehl, Kokosmehl und Backnatron).
6) In einer separaten Schüssel mit einem elektrischen Handrührgerät die Creme mit den flüssigen Backzutaten verrühren (Eier, Kokosmilch, Vanille-Extrakt und flüssige Vanille-Stevia), zuletzt bei laufendem Mixer das geschmolzene Kokosöl hinzufügen.
7) Die trockenen Zutaten zu den flüssigen Zutaten geben und mit dem Handmixer verrühren.
8) Den Teig in die vorbereitete Form füllen und gleichmäßig verteilen. Die Oberfläche wird nicht glatt sein, doch das legt sich während des Backvorgangs.
9) Den Kuchen ungefähr 40 Minuten backen, bis an einem Zahnstocher, den man hineinsteckt, kein Teig mehr kleben bleibt.
10) Den Kuchen in der Form 15 Minuten abkühlen lassen und alle Ränder mit einem Buttermesser nachfahren (insbesondere in der Mitte), damit der Kuchen sich später gut herauslösen lässt.
11) Ein kleines Kuchengitter verkehrt herum auf die Gugelhupfform legen, dann vorsichtig die Form umdrehen und den Kuchen auf das Kuchengitter stürzen. Die Form entfernen und den Kuchen vor der weiteren Verarbeitung vollständig auskühlen lassen.

**Ergibt 10 Portionen.**

## GANACHE

### ZUTATEN FÜR DIE GANACHE

- 2/3 Tasse vollfette Kokosmilch aus der Dose (es funktioniert nicht mit Mandelmilch oder kalorienreduzierter Kokosmilch)
- 85 g fertig gekaufte Bitterschokolade, zerkleinert

### ZUBEREITUNG DER GANACHE

1) In einem kleinen Topf die Kokosmilch erhitzen, bis sie zu köcheln beginnt.
2) Die zerkleinerte Schokolade in eine Schüssel füllen und die heiße Kokosmilch darübergießen, dann 1 bis 2 Minuten ruhen lassen.
3) Verrühren: Durch die heiße Kokosmilch schmilzt die Schokolade. Weiter rühren, bis sich Kokosmilch und Schokolade miteinander verbunden haben.

*Hinweis: Je heißer die Ganache ist, desto stärker fließt sie.*

Ich liebe das Aussehen dieser Leckerei ebenso, wie meine Freunde und die Familie den Geschmack lieben.

# Schoko-Crêpes-KUCHEN MIT KOKOSCREME-FÜLLUNG

## ZUTATEN FÜR DIE CRÊPES

1 Tasse Eiweiß*
(übrig geblieben vom
Rezept „Vanille-Schoko-
Brotpudding", Seite 120)

2 ganze Eier

3/4 Tasse vollfette
Kokosmilch aus der Dose

1/4 Tasse (34 g) Kokosmehl

1/4 Tasse (23 g)
Kakaopulver

2 EL (17 g)
Pfeilwurzelmehl

1 TL Vanille-Extrakt

1/8 TL flüssige Vanille-
Stevia

1/8 TL Meersalz

1 EL geschmolzenes
Kokosöl + mehr zum
Braten

* Das Eiweiß wird bei Kokosmehlcrêpes verwendet, damit diese nicht
wie Omeletts schmecken.

## ZUTATEN FÜR DIE
KOKOSCREME-FÜLLUNG

1 1/2 Tassen Kokosfett oder
Kokoscreme-Konzentrat,
geschmolzen

1/2 Tasse Honig

1/4 Tasse + 2 EL Wasser

1 EL Vanille-Extrakt

1/8 TL flüssige Vanille-
Stevia

## ZUM GARNIEREN

Frische Himbeeren

Frische Pfefferminzblätter
zum Garnieren (optional)

## ZUBEREITUNG DER CRÊPES

1) In einem Mixer alle Zutaten für die Crêpes pürieren, bis ein geschmeidiger Teig entsteht, zuletzt das geschmolzene Kokosöl hinzufügen.

2) Eine Pfanne aus rostfreiem Stahl (20 cm Durchmesser) auf niedriger bis mittlerer Stufe erhitzen.

3) Wenn die Pfanne 1 bis 2 Minuten erhitzt wurde, 1/2 Teelöffel geschmolzenes Kokosöl hinzufügen; Pfanne schwenken, um das Öl zu verteilen.

4) Einen trockenen Messbecher mit einem Fassungsvermögen von 1/4 Tasse zu drei Vierteln mit dem Teig füllen und diesen in die Pfanne gießen.

5) Die Pfanne schwenken, um den Teig zu verteilen, sodass die Crêpe etwas größer wird.

6) Wenn die Unterseite der Crêpe fertig gebacken ist, wenden und dann auf der anderen Seite einige Sekunden backen.

7) Diesen Vorgang mit den restlichen Crêpes wiederholen. Vor jeder neuen Crêpe 1/2 Teelöffel geschmolzenes Kokosöl in die Pfanne gießen.

8) Vor dem Zusammensetzen mit der Kokoscreme-Füllung die Crêpes vollständig auskühlen lassen.

## ZUBEREITUNG DER KOKOSCREME-FÜLLUNG

1) In einer Rührschüssel Kokosfett oder Kokoscreme-Konzentrat, Honig, Wasser, Vanille-Extrakt und flüssige Vanille-Stevia miteinander verrühren.

## ZUSAMMENSETZEN

1) Die abgekühlten Crêpes jeweils mit einer sehr dünnen Schicht Kokoscreme bestreichen und übereinander stapeln.

2) Den Crêpes-Kuchen mit einer sehr dünnen Schicht Füllung abschließen und mit frischen Himbeeren und gegebenenfalls Pfefferminzblättern garnieren.

3) Zum Servieren in schmale Tortenstücke schneiden und auf den Teller legen.

4) Bei Zimmertemperatur abgedeckt aufbewahren. Nicht in den Kühlschrank stellen.

**Ergibt 12 oder mehr Portionen.**

Das Creme-Frosting schmeckt in Kombination mit dem Schokoladen-Kuchen einfach köstlich. Doch ich denke, der eigentliche Höhepunkt bei diesem Rezept ist die Kirschfüllung. Durch das Vanillemark und den Amaretto-Extrakt ist sie ein echter Knüller!

# Schwarzwald-CUPCAKES

### TROCKENE ZUTATEN FÜR DIE CUPCAKES

3/4 Tassen (62 g) Kakaopulver

1/3 Tasse (50 g) Kokosmehl, gesiebt

1/3 Tasse (29 g) geschrotete Chia-Samen

1/2 TL Backnatron

1/2 TL Backpulver

1/4 TL Meersalz

### FLÜSSIGE ZUTATEN FÜR DIE CUPCAKES

5 Eier

1 Tasse Apfelmus ohne Zuckerzusatz

1/4 Tasse Honig

1 EL Vanille-Extrakt

1/2 TL flüssige Vanille-Stevia

1/4 Tasse geschmolzenes Kokosöl

### ZUTATEN FÜR DIE KIRSCHFÜLLUNG

12 Cocktail-Kirschen (ich verwende die Marke Tillen Farms.) (optional)

255 g Sauerkirsch-Fruchtaufstrich aus dem Glas (ich verwende die Marke Bionaturae, da sie ohne Zuckerzusatz arbeitet.)

### ZUTATEN FÜR DAS CREME-FROSTING

1 Tasse Kokosfett

1/2 Tasse Honig

1 Vanilleschote, der Länge nach aufgeschnitten und Mark herausgekratzt

1/4 TL Amaretto-Extrakt oder nach Geschmack

1/4 Tasse (34 g) Kokosmehl, gesiebt

1/4 Tasse (34 g) gemahlene Mandeln

1/8 TL Meersalz

Flüssige Vanille-Stevia nach Geschmack

### ZUBEREITUNG DER CUPCAKES

1) Den Backofen auf 160 °C vorheizen.
2) In einer Rührschüssel die trockenen Zutaten mischen (Kakaopulver, Kokosmehl, geschrotete Chia-Samen, Backnatron, Backpulver und Salz).
3) In einer separaten Rührschüssel mit einem elektrischen Handrührgerät die flüssigen Zutaten verrühren (Eier, Apfelmus, Honig, Vanille-Extrakt und flüssige Vanille-Stevia), zuletzt das geschmolzene Kokosöl hinzufügen.
4) Die trockenen Zutaten zu den flüssigen Zutaten geben und mithilfe des Handmixers verrühren.
5) Die Muffinform mit 12 ungebleichten Papierförmchen auslegen. Diese jeweils zu drei Vierteln mit Teig füllen.
6) Die Cupcakes ungefähr 28 Minuten backen, bis an einem Zahnstocher, den man hineinsteckt, kein Teig mehr kleben bleibt. Vollständig auskühlen lassen.

### ZUBEREITUNG DER KIRSCHFÜLLUNG

1) Gegebenenfalls Cocktail-Kirschen hacken und mit dem Sauerkirsch-Fruchtaufstrich verrühren.

### ZUBEREITUNG DES CREME-FROSTINGS

1) Kokosfett, Honig, Mark der Vanilleschote, Amaretto-Extrakt, Kokosmehl, gemahlene Mandeln, Salz und flüssige Vanille-Stevia miteinander verrühren.

### ZUSAMMENSETZEN

1) Oben aus jedem Cupcake ungefähr 1 Esslöffel Teig herauslöffeln.
2) In diese Aushöhlungen die Kirschfüllung löffeln.
*Hinweis: Die Füllung muss nicht sauber mit der Oberfläche der Cupcakes abschließen, da das Frosting sie verdecken wird.*
3) Das Frosting auf die abgekühlten Cupcakes spritzen. Dafür verwende ich den „#1M Open Star Tip". Das Frosting schmeckt am nächsten Tag noch besser. Das Kokosmehl und die gemahlenen Mandeln nehmen etwas Feuchtigkeit auf, sodass die Creme dann etwas dicker wird.

**Ergibt 12 Cupcakes mit Frosting.**

# Kekse und Kleingebäck

KOKOSMAKRONEN MIT SCHOKOVERZIERUNG 88

GEBURTSTAGS-KEKSKUCHEN 90
OHNE EI

SCHOKO-HASELNUSS-KEKSE 92
OHNE EI

CHAI-KEKSE MIT WEISSER SCHOKOLADE 94
OHNE EI

PFEFFERMINZ-SCHOKO-GEBÄCK 96
OHNE EI

MACADAMIA-GEBÄCK MIT WEISSER SCHOKOLADE 98
OHNE EI

DEUTSCHE „WHOOPIE PIES" MIT SCHOKOLADE 100
OHNE EI

UNGEBACKENE „ERDNUSSBUTTER"-KEKSE MIT SCHOKOLADE 102
OHNE EI

UNGEBACKENE, WEICHE DOPPELKEKSE 104
OHNE EI

SANDWICH-KEKSE MIT SONNENBLUMENKERN-BUTTER UND SCHOKOCREME 106

SCHOKO-HEIDELBEER-FEIGEN-PLÄTZCHEN 108

SCHOKOLADEN-KOKOS-KEKSE 110

SCHOKOLADEN-KEKSE MIT SCHOKOSTÜCKCHEN – DREI VARIANTEN 112
OHNE EI

Schon als Kind liebte ich Kokosraspeln. Das erste Gebäck, an dessen Genuss ich mich erinnern kann, enthielt diese Zutat. Diese klassischen Kokosmakronen sind nur wenig gesüßt und schmecken einfach wunderbar.

# KOKOSMAKRONEN MIT *Schokoverzierung*

## ZUTATEN FÜR DIE MAKRONEN

4 Eiweiß

1/2 TL Weinstein

1/4 Tasse Honig

1/4 TL flüssige Vanille-Stevia

2 TL Vanille-Extrakt

1/8 TL Meersalz

3 Tassen (224 g) ungesüßte Kokosraspeln

## ZUTATEN FÜR DIE SCHOKOVERZIERUNG

85 g fertig gekaufte Bitterschokolade, über einem Wasserbad geschmolzen

1/3 Tasse vollfette Kokosmilch aus der Dose, erhitzt

1 EL ungesüßte Kokosraspeln zum Garnieren, oder mehr nach Geschmack

## ZUBEREITUNG DER MAKRONEN

1) Den Backofen auf 180 °C vorheizen.

2) In einer Rührschüssel das Eiweiß mit einem elektrischen Handrührgerät schaumig schlagen. Dabei darauf achten, dass Rührschüssel und Rührbesen sauber und frei von Fett sind.

3) Weinstein hinzufügen und weiter schlagen, bis steifer Eischnee entsteht.

4) Honig, flüssige Vanille-Stevia, Vanille-Extrakt und Salz hinzufügen. Nur wenige Sekunden rühren, bis eine homogene Masse entsteht.

5) Die Hälfte der Kokosraspeln unterheben.

6) Die andere Hälfte der Kokosraspeln unterheben.

7) Ein Backblech mit ungebleichtem Backpapier auslegen.

8) Mithilfe eines Esslöffels Teig abstechen und auf das Backblech setzen, sodass abgeflachte Kugeln entstehen.

9) Die Makronen ungefähr 17 Minuten backen und abkühlen lassen, bevor die Schokolade darübergeträufelt wird.

## ZUBEREITUNG DER SCHOKOVERZIERUNG

1) In einer Schüssel Schokolade und Kokosmilch verquirlen, bis eine geschmeidige, glatte Flüssigkeit entsteht. Die Mischung auf Zimmertemperatur abkühlen lassen.

2) Die Schokoladen-Mischung in die untere Ecke eines Frischhaltebeutels füllen und das Ende des Beutels abschneiden, sodass ein sehr kleines Loch entsteht.

3) Die Luft aus dem Beutel drücken. Dann die Schokolade in Schlangenlinien über die Makronen träufeln.

4) Die Kekse mit ungesüßten Kokosraspeln bestreuen.

5) Bei Zimmertemperatur aufbewahren. Allerdings schmecken sie ganz frisch am besten.

**Ergibt ungefähr 20 Makronen.**

Kinder jeder Altersstufe können sich für diesen Riesenkeks begeistern. Meine kleinen Mädchen lieben den Kekskuchen mit Kakaonibs, die ihrer Meinung nach wie Kaffeebohnen schmecken.

# GEBURTSTAGS-*Kekskuchen*

## ZUTATEN FÜR DEN BODEN

2 Tassen (224 g) gemahlene Mandeln

1/4 Tasse (34 g) Pfeilwurzelmehl

1/2 Tasse (80 g) Kokoszucker

1/4 TL Meersalz

1/4 TL Backnatron

1/2 Tasse Kokosfett

1 TL Vanille-Extrakt

85 g Bitterschokolade, fein gehackt, oder 70 g Kakaonibs

## ZUTATEN FÜR DIE PLÄTZCHENTEIGSCHICHT

1/2 Tasse Kokosfett

1/4 Tasse Honig

1 TL Vanille-Extrakt

2 EL Kokosmehl, gesiebt

2 EL gemahlene Mandeln

1/8 TL Meersalz

Flüssige Vanille-Stevia nach Geschmack

## ZUBEREITUNG DES BODENS

1) Den Backofen auf 180 °C vorheizen.
2) In einer Rührschüssel gemahlene Mandeln, Pfeilwurzelmehl, Kokoszucker, Salz und Backnatron mischen.
3) Kokosfett und Vanille-Extrakt hinzufügen und mit dem elektrischen Handmixer verrühren.
4) Die Schokolade unterheben.
5) Den Boden einer gusseisernen Pfanne (30 cm Durchmesser) mit ungebleichtem Backpapier auslegen.
6) Den Teig gleichmäßig in der Pfanne verteilen und festdrücken.
7) Ungefähr 20 Minuten backen, bis die Ränder hellbraun werden.
8) Den Boden in der Pfanne vollständig auskühlen lassen.

## ZUBEREITUNG DER PLÄTZCHENTEIGSCHICHT

1) Alle Zutaten verrühren (Kokosfett, Honig, Vanille-Extrakt, Kokosmehl, gemahlene Mandeln, Salz und flüssige Vanille-Stevia).
2) Die Plätzchenteigschicht dekorativ auf den Boden spritzen. Ich verwende den „#1M Open Star Tip", um oben Sterne aufzuspritzen und mithilfe einer Tülle mit kleiner Öffnung „Happy Birthday" darunterzuschreiben. Alternativ ist auch eine ausschließliche Verzierung mit Blumen oder Sternen am Rand möglich, wenn in der Mitte des Kuchens Kerzen aufgestellt werden sollen.

**Ergibt 10 Portionen.**

Wenn Sie knusprige Schokokekse lieben, ist dieses Rezept genau das richtige für Sie. Insbesondere, wenn die Kekse mit selbst gemachter Schokolade gebacken werden, sind sie nur wenig süß, aber wirklich lecker. Falls Sie es süßer mögen, sollten Sie meine Baiser-Schichtspeise (Seite 126) oder die Schoko-Heidelbeer-Feigen-Plätzchen (Seite 108) probieren.

# Schoko-HASELNUSS-KEKSE

**TROCKENE ZUTATEN**

3 Tassen (340 g) gemahlene Haselnüsse

1/2 Tasse (45 g) Kakaopulver

1/4 Tasse (23 g) geschrotete Chia-Samen

1/4 Tasse (40 g) Kokoszucker

1/2 TL Backnatron

1/4 TL Meersalz

**FLÜSSIGE ZUTATEN**

1 EL Wasser

1/4 Tasse Apfelmus ohne Zuckerzusatz

60 g Bitterschokolade, geschmolzen über einem Wasserbad

1/2 TL flüssige Vanille-Stevia

1) Den Backofen auf 180 °C vorheizen.
2) In einer Küchenmaschine die Haselnüsse mahlen oder fertig gemahlene Haselnüsse verwenden.
3) In einer Rührschüssel die trockenen Zutaten vermischen (gemahlene Haselnüsse, Kakaopulver, geschrotete Chia-Samen, Kokoszucker, Backnatron und Salz).
4) In einer separaten Rührschüssel die flüssigen Zutaten verrühren (Wasser, Apfelmus, Schokolade und flüssige Vanille-Stevia).
5) Die trockenen Zutaten zu den flüssigen Zutaten geben und mit einem elektrischen Handmixer verrühren.
6) Jetzt gibt es zwei Möglichkeiten: entweder den Teig leicht mit Kakaopulver bestäuben, ausrollen und beliebige Formen ausstechen oder den Teig auf einem ungebleichten Backpapier zu einer Rolle formen und dann runde Kekse davon abschneiden. Das hängt von der gewünschten Anzahl an Keksen und deren bevorzugter Form ab. Die Abbildung zeigt, wie herzförmige Kekse, die auf eine Tasse gesteckt werden können, aussehen sollten.
7) Den Teig ungefähr 6 mm dick ausrollen und Plätzchen ausstechen oder in 6 mm dicke Scheiben schneiden, wenn eine gekühlte Teigrolle verwendet wird.
8) Ein Backblech mit ungebleichtem Backpapier auslegen und die Kekse dicht nebeneinander auf das Blech legen, da sie während des Backens nicht aufgehen.
9) Ungefähr 12 Minuten backen, je nach gewünschter Knusprigkeit.

**Ergibt ungefähr 20 Kekse.**

Vor dem Backen eine Kerbe hineinschneiden.

Kekse und Kleingebäck

Sie können für den Teig und die Dekoration auch Bitterschokolade verwenden, doch allen meinen Testessern schmeckten die Kekse mit weißer Schokolade besser. Meine Freundin Elana (ElanasPantry.com) liebte diese Kekse und meinte, sie seien ganz anders als alles, was sie bisher gegessen habe. Am liebsten essen wir sie direkt aus dem Gefrierschrank.

# CHAI-KEKSE MIT *weißer Schokolade*

## TROCKENE ZUTATEN

2 Tassen (224 g) gemahlene Mandeln

1/4 Tasse (34 g) Pfeilwurzelmehl

1 TL Zimt

1 TL gemahlener Kardamom

1/4 TL Meersalz

1/4 TL Backnatron

1/8 TL gemahlene Nelken

Eine Prise gemahlener, schwarzer Pfeffer nach Geschmack

## FLÜSSIGE ZUTATEN

1/2 Tasse Kokosfett

1/3 Tasse Honig

2 EL geschmolzene, selbst gemachte, weiße Schokolade (Seite 174)

1 Vanilleschote, der Länge nach aufgeschnitten und Mark herausgekratzt

## ZUM VERZIEREN

60 g selbst gemachte, weiße Schokolade (Seite 174), geschmolzen

1) Den Backofen auf 180 °C vorheizen.

2) In einer Rührschüssel die trockenen Zutaten mischen (gemahlene Mandeln, Pfeilwurzelmehl, Zimt, Kardamom, Salz, Backnatron, Nelken und Pfeffer).

3) In einer separaten Rührschüssel mit einem elektrischen Handrührgerät die flüssigen Zutaten verrühren (Kokosfett, Honig, weiße Schokolade und Vanilleschote).

4) Die trockenen Zutaten zu den flüssigen Zutaten geben und mithilfe des elektrischen Handmixers verrühren.

5) Ein Backblech mit ungebleichtem Backpapier auslegen.

6) Den Teig in einen Eisportionierer füllen, der 20 g fasst (Größe 40), und auf diese Weise Teigkugeln auf das Backpapier setzen.

7) Hände anfeuchten und mit den Handflächen die Teigkugeln flach drücken, sodass sie ungefähr 5 cm breit sind. Etwa 7,5 cm Abstand zwischen den einzelnen, flachgedrückten Keksen lassen, damit sie aufgehen können.

8) Die Kekse ungefähr 12 Minuten backen, bis die Ränder goldbraun werden. Sie sollten aussehen, als seien sie ein wenig zu kurz im Ofen gewesen, und werden nach dem Herausholen noch ein wenig nachgaren.

9) Die Kekse auf dem Backblech 5 Minuten auskühlen lassen, dann mit einem Pfannenwender auf ein Kuchengitter legen und vollständig auskühlen lassen.

10) Die Kekse 20 Minuten ins Gefrierfach legen.

11) Nach dem Herausholen aus dem Gefrierfach sofort mit der geschmolzenen, weißen Schokolade beträufeln.

12) Die Kekse auf Zimmertemperatur essen oder im Gefrierfach aufbewahren und gefroren essen. Sie krümeln weniger, wenn sie gefroren sind.

**Ergibt 18 Kekse.**

*Kekse und Kleingebäck*

Wer liebt nicht knuspriges Pfefferminz-Schoko-Gebäck? Durch das Tunken in weiße Schokolade erhält es eine Kontrastfarbe, die es ebenso attraktiv wie lecker macht.

# PFEFFERMINZ-*Schoko*-GEBÄCK

## TROCKENE ZUTATEN

1 1/2 Tassen (168 g)
gemahlene Mandeln

1/4 Tasse (23 g)
Kakaopulver

2 EL (17 g)
Pfeilwurzelmehl

2 EL (20 g) Kokoszucker

4 EL geschrotete
Leinsamen

1/2 TL Backnatron

## FLÜSSIGE ZUTATEN

1/4 Tasse Apfelmus
ohne Zuckerzusatz

1/4 TL flüssige Vanille-
Stevia

1/2 TL alkoholfreier
Pfefferminz-Extrakt
(wenn der Extrakt nicht
alkoholfrei ist, braucht
man eventuell weniger)

## ZUM EINTAUCHEN

1 Tafel selbst gemachte,
weiße Schokolade
(Seite 174), geschmolzen

1) Den Backofen auf 150 °C vorheizen.
2) In einer Rührschüssel die trockenen Zutaten mischen
(gemahlene Mandeln, Kakaopulver, Pfeilwurzelmehl, Kokoszucker,
geschrotete Leinsamen und Backnatron).
3) In einer separaten Rührschüssel die flüssigen Zutaten verrühren
(Apfelmus, flüssige Vanille-Stevia und Pfefferminz-Extrakt).
4) Die trockenen Zutaten zu den flüssigen Zutaten geben und mit einem
elektrischen Handmixer verrühren, bis ein klebriger Teig entsteht.
5) Ein Backblech mit ungebleichtem Backpapier auslegen.
6) Den Teig mit feuchten Händen auf dem Backpapier zu einem 10 cm x 18 cm
großen Rechteck formen.
7) 25 Minuten backen. Die Teigplatte aus dem Backofen holen und ungefähr
eine Stunde auskühlen lassen.
8) Den Backofen auf 120 °C vorheizen.
9) Die Teigplatte mit einem Sägemesser diagonal in 2,5 cm breite Streifen
schneiden.
10) Die Streifen auf dem Backblech vorsichtig auf die Seite legen und
25 Minuten backen.
11) Vorsichtig umdrehen und die andere Seite ebenfalls 25 Minuten backen.
12) Den Backofen ausschalten und das Gebäck eine weitere Stunde
im Ofen lassen.
13) Das Gebäck aus dem Backofen holen und auf dem Backblech auskühlen
lassen.
14) Vor dem Eintauchen in die geschmolzene, weiße Schokolade das Gebäck
eine Stunde ins Gefrierfach legen. (So kann die Schokolade schneller
trocknen und tropft weniger.)

### ZUSAMMENSETZEN

1) Die geschmolzene, weiße Schokolade in ein hohes, schmales Glas gießen.
2) Die kalten Gebäckstücke in die weiße Schokolade tauchen.
Mit den längsten Stücken beginnen.
3) Die Gebäckstücke halten, bis die Schokolade getrocknet ist.
Dann ein zweites Mal eintauchen.
4) Die fertigen Gebäckstücke zum Trocknen auf ungebleichtes Backpapier
legen.
5) Das Gebäck ein paar Tage bei Zimmertemperatur aufbewahren oder länger
im Gefrierfach. Wird es bei Zimmertemperatur aufbewahrt, leicht mit
einem Geschirrtuch abdecken. Ich esse es jedoch am liebsten direkt aus
dem Gefrierfach. Zum Einfrieren in ungebleichtes Backpapier wickeln und
in einen luftdicht abgeschlossenen Beutel stecken.

**Ergibt ungefähr 7 Kekse.**

Dieses süchtig machende Kleingebäck wird leicht mit Stevia gesüßt und in weiße Schokolade getaucht. Es gehört zu meinen absoluten Lieblingsrezepten dieses Buches.

# MACADAMIA-GEBÄCK MIT *weißer Schokolade*

## TROCKENE ZUTATEN

2 Tassen (283 g) gemahlene Macadamia-Nüsse (in einer Küchenmaschine fein gemahlen)

2 EL (17 g) Pfeilwurzelmehl

1/2 TL Backnatron

1 EL geschrotete weiße Chia-Samen

## FLÜSSIGE ZUTATEN

1/4 Tasse Apfelmus ohne Zuckerzusatz

1/4 TL flüssige Vanille-Stevia

## ZUM EINTAUCHEN

1 Tafel selbst gemachte, weiße Schokolade (Seite 174), geschmolzen

1) Den Backofen auf 150 °C vorheizen.
2) In einer Rührschüssel die trockenen Zutaten mischen (gemahlene Macadamia-Nüsse, Pfeilwurzelmehl, Backnatron und geschrotete Chia-Samen).
3) In einer separaten Rührschüssel die flüssigen Zutaten verrühren (Apfelmus und flüssige Vanille-Stevia).
4) Die trockenen Zutaten zu den flüssigen Zutaten geben und mithilfe eines elektrischen Handmixers verrühren, bis die Mischung klebrig wird.
5) Ein Backblech mit ungebleichtem Backpapier auslegen.
6) Den Teig mit feuchten Händen auf dem Backpapier zu einem 11,5 cm x 20 cm großen Rechteck formen.
7) 25 Minuten backen.
8) Die Teigplatte aus dem Backofen holen und ungefähr eine Stunde auskühlen lassen.
9) Den Backofen auf 120 °C vorheizen.
10) Die Teigplatte mit einem Sägemesser diagonal in 2,5 cm breite Streifen schneiden.
11) Die Streifen auf dem Backblech vorsichtig auf die Seite legen und 25 Minuten backen.
12) Vorsichtig umdrehen und die andere Seite ebenfalls 25 Minuten backen.
13) Den Backofen ausschalten und das Gebäck eine weitere Stunde im Ofen lassen.
14) Das Gebäck aus dem Backofen holen und auf dem Backblech auskühlen lassen.
15) Vor dem Eintauchen in die geschmolzene, weiße Schokolade das Gebäck eine Stunde ins Gefrierfach legen. (So kann die Schokolade schneller trocknen und tropft weniger.)

### ZUSAMMENSETZEN

1) Die geschmolzene, weiße Schokolade in ein hohes, schmales Glas gießen.
2) Die kalten Gebäckstücke in die weiße Schokolade tauchen. Mit den längsten Stücken beginnen.
3) Die Gebäckstücke halten, bis die Schokolade getrocknet ist. Dann ein zweites Mal eintauchen.
4) Die fertigen Gebäckstücke zum Trocknen auf ungebleichtes Backpapier legen.
5) Das Gebäck ein paar Tage bei Zimmertemperatur aufbewahren oder länger im Gefrierfach. Wird es bei Zimmertemperatur aufbewahrt, leicht mit einem Geschirrtuch abdecken. Ich esse es jedoch am liebsten direkt aus dem Gefrierfach. Zum Einfrieren in ungebleichtes Backpapier wickeln und in einen luftdicht abgeschlossenen Beutel stecken.

**Ergibt ungefähr 7 Kekse.**

„Whoopie Pies" sind kleine Kuchen in Sandwich-Form, die mit einer Creme gefüllt sind. Ich verbinde sie mit meiner Kindheit. Diese Version ist eine deutlich gesündere Alternative, die meine Kinder ganz besonders lieben.

# DEUTSCHE „WHOOPIE PIES" MIT Schokolade

## TROCKENE ZUTATEN

1/2 Tasse (40 g) Kokoszucker

1/4 Tasse (29 g) geschrotete Leinsamen

1/2 Tasse (44 g) Kakaopulver

1/2 Tasse (69 g) Kokosmehl, gesiebt

1/4 Tasse (34 g) Pfeilwurzelmehl

1 TL Backnatron

1 TL Backpulver

## FLÜSSIGE ZUTATEN

1 Tasse vollfette Kokosmilch aus der Dose

1/2 Tasse Apfelmus ohne Zuckerzusatz

1 TL Vanille-Extrakt

1/4 TL flüssige Vanille-Stevia

1/4 Tasse geschmolzenes Kokosöl

## ZUTATEN FÜR DIE KOKOS-PEKANNUSS-FÜLLUNG

1/2 Tasse ungesüßte Kokosraspeln

3/4 Tasse Wasser

1/4 Tasse (39 g) Kokoszucker

1 1/2 TL Vanille-Extrakt

12 Tropfen flüssige Vanille-Stevia

1 Tasse (227 g) geschmolzene Kokosöl

3/4 Tasse zerkleinerte Pekannüsse

## ZUBEREITUNG DER TEIGSCHICHT

1) Den Backofen auf 160 °C vorheizen.
2) In einer Rührschüssel die trockenen Zutaten mischen (Kokoszucker, geschrotete Leinsamen, Kakaopulver, Kokosmehl, Pfeilwurzelmehl, Backnatron und Backpulver).
3) In einer separaten Rührschüssel mit einem elektrischen Handrührgerät die flüssigen Zutaten verrühren (Kokosmilch, Apfelmus, Vanille-Extrakt und flüssige Vanille-Stevia) und das geschmolzene Kokosöl bei laufendem Mixer zuletzt hinzufügen.
4) Ein Backblech mit einem Stück ungebleichtem Backpapier auslegen.
5) Den Teig in einen Eisportionierer füllen, der 1/3 Tasse fasst, und auf diese Weise Teigkugeln auf das Backpapier setzen. Zwischen den einzelnen Teigkugeln etwa 7,5 cm Abstand lassen. 10 solcher Teigkugeln auf das Backblech setzen.
6) Mit feuchten Händen die Teigkugeln zu ungefähr 7,5 cm breiten Scheiben flachdrücken.
7) Die Teigscheiben ungefähr 25 Minuten backen und auf dem Backblech 5 Minuten auskühlen lassen. Dann die Kekse vor dem Füllen auf einem Kuchengitter vollständig auskühlen lassen (mindestens eine Stunde).

## ZUBEREITUNG DER KOKOS-PEKANNUSS-FÜLLUNG

1) Den Backofen auf 180 °C vorheizen.
2) Die Kokosraspeln gleichmäßig auf ein Backblech streuen und 5 bis 10 Minuten rösten, bis sie goldbraun werden; dabei einmal umrühren und gut darauf achten, dass sie nicht zu dunkel werden.
3) Wasser und Kokoszucker in einen kleinen Topf füllen, erhitzen und köcheln lassen, bis der Kokoszucker sich aufgelöst hat.
4) In eine Rührschüssel den aufgelösten Kokoszucker, Vanille-Extrakt, flüssige Vanille-Stevia füllen. Gut verrühren.
5) Das geschmolzene Kokosöl, Pekannüsse und geröstete Kokosraspeln hinzufügen. Gut verrühren.
6) Die Masse auf Zimmertemperatur abkühlen lassen (ungefähr 30 Minuten).

## ZUSAMMENSETZEN

1) 5 der Kekse umdrehen.
2) Diese Kekse mit der Füllung bestreichen.
(Es werden einige Esslöffel der Füllung übrig bleiben.)
3) Auf jede Füllungsschicht einen weiteren Keks legen und leicht andrücken.
4) Die „Whoopie Pies" auf einem Kuchengitter auf der Arbeitsplatte aufbewahren und mit einem Geschirrtuch abdecken. Am besten schmecken sie kurz nach der Zubereitung. Am nächsten Tag ist die Füllung deutlich fester. Nicht in den Kühlschrank stellen.

**Ergibt 5 Küchlein.**

Neben heißer Schokolade führten ungebackene Kekse die Liste der Leserwünsche für Rezepte in diesem Buch an. Sie sind im Handumdrehen fertig, halten sich lange Zeit im Kühlschrank und sind ungemein praktisch, um Schoko-Gelüste zu stillen. Eine Menge Eiweiß und gute Fette sind weitere Pluspunkte dieser süßen Leckerei.

# UNGEBACKENE „ERDNUSSBUTTER"-KEKSE MIT *Schokolade*

1/2 Tasse (ungefähr 8) weiche, entsteinte Medjool-Datteln

1/2 Tasse Sonnenblumenkern-Butter ohne Zuckerzusatz

1 1/2 Tassen (126 g) ungesüßte Kokosraspeln

1 TL Vanille-Extrakt

1/4 TL Meersalz

### ZUM UNTERHEBEN

60 g Bitterschokolade, zerkleinert, oder 45 g Kakaonibs

1) In einer Küchenmaschine die Datteln zerkleinern, bis eine Kugel entsteht.
2) Sonnenblumenkern-Butter, Kokosraspeln, Vanille-Extrakt und Salz hinzufügen und noch einmal pürieren.
3) Schokolade unterheben.
4) Den Teig in einen Eisportionierer füllen, der 20 g fasst (Größe 40), und auf diese Weise oder mit den Händen ungefähr 14 Teigkugeln formen und auf das Backpapier setzen. Kühl stellen. Die Kekse im Kühlschrank aufbewahren.

**Ergibt ungefähr 14 Kekse.**

Dies ist meine weiche und saftige Version der beliebten Sandwich-Kekse.
Dieses Rezept wurde durch die „Raw Icecream Sandwiches" auf der Internetseite
„A Dash of Compassion" inspiriert.

# UNGEBACKENE, WEICHE *Doppelkekse*

## ZUTATEN FÜR DIE KEKSE

1 Tasse (112 g) beliebige
  gemahlene Nüsse

(Ich verwende halb
gemahlene Walnüsse und
halb gemahlene Mandeln)

1/2 Tasse (46 g)
  rohes Kakaopulver

1/8 TL Meersalz

1/2 Tasse (ungefähr 8)
  weiche, entsteinte
  Medjool-Datteln

1 TL Vanille-Extrakt

1 TL Wasser

## ZUTATEN FÜR DIE FÜLLUNG

1/2 Tasse geschmolzenes
  Kokosfett oder
  Kokoscreme-Konzentrat

2 EL Honig

1 TL Vanille-Extrakt

4-6 TL Wasser
  (gegebenenfalls)

## ZUBEREITUNG DER KEKSE

1) In einer kleinen Schüssel die gemahlenen Nüsse mit dem rohen Kakaopulver und dem Salz vermischen.
2) In einer Küchenmaschine die Datteln zerkleinern, bis eine Kugel entsteht.
3) Vanille-Extrakt, Wasser und Nussmischung zu den Datteln hinzufügen und ungefähr 20 Sekunden verrühren. (Die Masse sieht aus wie feine Streusel.)
4) Ein Backblech mit ungebleichtem Backpapier auslegen.
5) Den Teig auf das Backblech geben und die Seiten des Backpapiers anheben, um den Teig zu einer festen Masse zusammenzudrücken.
6) Ein weiteres Stück ungebleichtes Backpapier obendrauf legen und den Teig zwischen diesen beiden Stücken Backpapier zu einem ungefähr 20 cm x 25 cm großen Rechteck formen.
7) Das obere Backpapier entfernen und mit einer runden Ausstechform (oder dem Deckel eines Marmeladenglases) ungefähr 6,5 cm große Kreise ausstechen.
8) Einen flachen Teller oder ein Schneidbrett mit einem Stück Backpapier belegen. Mithilfe eines Pfannenwenders die Kekse auf das Backpapier legen.
9) Die Teigreste einsammeln und zwischen zwei Stücken Backpapier wieder ausrollen, sodass die Teigplatte genauso dick ist wie bei den ersten Keksen. Weiter ausstechen und die Teigreste wieder verwerten, bis zehn gleich große Kekse entstanden sind.
10) Vor dem Füllen die Kekse auf dem mit Backpapier ausgelegten Teller oder Schneidbrett ungefähr 45 Minuten einfrieren.

## ZUBEREITUNG DER FÜLLUNG

1) In einer kleinen Schüssel Kokosfett oder Kokoscreme-Konzentrat, Honig, Vanille-Extrakt und Wasser miteinander verrühren.
2) Gegebenenfalls weiteres Wasser hinzufügen, bis die Mischung die Konsistenz einer Füllung hat.

## ZUSAMMENSETZEN

1) Die Kekse aus dem Gefrierfach holen.
2) 5 der Kekse umdrehen.
3) Die Füllung gleichmäßig auf die 5 Kekse aufteilen und diese mit der Füllung bestreichen.
4) Auf jede Füllungsschicht einen weiteren Keks legen und leicht andrücken.
5) Die fertigen Doppelkekse im Kühlschrank aufbewahren.

**Ergibt 5 große Doppelkekse.**

Diese gekühlten Sandwich-Kekse eignen sich hervorragend für Geburtstags- und Grillfeiern. Wenn Sie den Geschmack von Erdnussbutter mögen, sollten Sie unbedingt mal Sonnenblumenkern-Butter ausprobieren! Dieses Rezept funktioniert auch mit Mandelbutter, aber ich finde, mit Sonnenblumenkern-Butter schmecken die Kekse am besten.

# SANDWICH-KEKSE MIT SONNENBLUMENKERN-BUTTER UND *Schokocreme*

## TROCKENE ZUTATEN

1/2 Tasse (37 g) ungesüßte Kokosraspeln

1/4 Tasse (34 g) Kokosmehl, gesiebt

1/4 Tasse (39 g) Kokoszucker

1/2 TL Meersalz

## FLÜSSIGE ZUTATEN

1 Tasse Sonnenblumenkern-Butter ohne Zuckerzusatz

1/2 Tasse ungesüßte Mandelmilch

1 Ei

1/2 TL flüssige Vanille-Stevia

1/4 Tasse geschmolzenes Kokosöl

## ZUTATEN FÜR DIE SCHOKOCREME

2 Tassen Kokoscreme*

1/2 Tasse (ungefähr 8) weiche, entsteinte Medjool-Datteln

1/4 Tasse Wasser

2 TL Vanille-Extrakt

1/4 Tasse (23 g) rohes Kakaopulver

*Für die Herstellung der Kokoscreme stellen Sie eine Dose mit vollfetter Kokosmilch über Nacht in den Kühlschrank, sodass sich die festen von den flüssigen Bestandteilen trennen. Dann öffnen Sie die Dose und schöpfen die festen Bestandteile ab. Sie können frische Kokoscreme auch selbst herstellen (Seite 118). Hinweis: Mit Kokosfett oder Kokoscreme-Konzentrat kann man diese Schokocreme nicht herstellen.

### ZUBEREITUNG DER KEKSE

1) Den Backofen auf 180 °C vorheizen.
2) In einer Rührschüssel die trockenen Zutaten mischen (Kokosraspeln, Kokosmehl, Kokoszucker und Salz).
3) In einer separaten Rührschüssel mit einem elektrischen Handrührgerät die flüssigen Zutaten verrühren (Sonnenblumenkern-Butter, Mandelmilch, Ei und flüssige Vanille-Stevia), und das geschmolzene Kokosöl bei laufendem Mixer zuletzt hinzufügen.
4) Die trockenen Zutaten zu den flüssigen Zutaten geben und mit dem Handmixer verrühren.
5) Ein Backblech mit ungebleichtem Backpapier auslegen.
6) Den Teig in einen Eisportionierer füllen, der 20 g fasst (Größe 40), und mithilfe des Eisportionierers und der Finger Teigkugeln auf das Backpapier setzen.
7) Mit feuchten Händen die Teigkugeln flachdrücken, sodass 6,5 cm breite Teigscheiben entstehen. (Die Kekse gehen im Ofen nicht auf.)
8) Die Kekse ungefähr 17 Minuten backen, wenn sie weich sein sollen (perfekt für diese Sandwich-Kekse), oder länger, wenn die Kekse knuspriger werden sollen.
9) Kekse vor dem Füllen auf einem Kuchengitter vollständig auskühlen lassen.

### ZUBEREITUNG DER SCHOKOCREME

1) In einem Mixer Kokoscreme, Datteln, Wasser und Vanille-Extrakt pürieren, bis eine geschmeidige Masse entsteht. Sie wird nicht ganz homogen werden, aber das macht nichts.
2) Die Masse in einen Topf füllen und zum Köcheln bringen, damit sich die einzelnen Bestandteile miteinander verbinden.
3) Das rohe Kakaopulver hinzufügen und unterrühren.
4) Die Mischung in eine Rührschüssel füllen und auf Zimmertemperatur abkühlen lassen; dabei häufig umrühren, damit sich keine Haut bildet.
5) Dann in den Kühlschrank stellen, bis die Masse kalt ist.
6) Die Masse mit einem elektrischen Handrührgerät 1 Minute schlagen, sodass eine luftige Creme entsteht.

### ZUSAMMENSETZEN

1) 5 der Kekse umdrehen.
2) Die Füllung gleichmäßig auf die 5 Kekse verteilen und darauf verstreichen.
3) Jeweils einen zweiten Keks auf die Füllung setzen, um die Sandwichs zu vervollständigen.
4) Die Sandwich-Kekse vor dem Servieren ungefähr 2 Stunden einfrieren.

**Ergibt 5 Sandwich-Kekse.**

Diese großen, köstlichen Plätzchen basieren auf den „Christmas Cucidati"
(italienische Feigenkekse) meines Mannes. (Das Rezept dafür finden Sie in unserem Blog
www.TheSpunkyCoconut.com.) Verwenden Sie den Fruchtaufstrich von Bionaturae
ohne zugesetzten Zucker.

# Schoko-HEIDELBEER-FEIGEN-PLÄTZCHEN

## ZUTATEN FÜR DIE FÜLLUNG

1/2 Tasse getrocknete
Feigen, Stiele entfernt,
15 Minuten in heißem
Wasser eingeweicht

1/2 Tasse (ungefähr 8)
weiche, entsteinte
Medjool-Datteln,
15 Minuten in heißem
Wasser eingeweicht

1/2 Tasse Heidelbeer-
Fruchtaufstrich (oder
Himbeere, Orange oder
eine andere Fruchtsorte
nach Geschmack)

1/2 Tasse Pekannüsse

1/4 Tasse + 2 EL (60 g)
Kakaopulver

1/4 Tasse Wasser

1/8 TL Meersalz

## TROCKENE ZUTATEN FÜR DEN TEIG

2 Tassen (227 g)
gemahlene Mandeln

1 Tasse (136 g) Kokosmehl,
gesiebt

2 TL Backnatron

2 TL Backpulver

## FLÜSSIGE ZUTATEN FÜR DEN TEIG

1/2 Tasse geschmolzenes
Kokosöl

1/2 Tasse Honig

2 Eier

1/4 TL flüssige Vanille-
Stevia

1) Den Backofen auf 180 °C vorheizen.
2) In einer Küchenmaschine die Zutaten für die Füllung ungefähr
   15 Sekunden pürieren (Feigen, Datteln, Fruchtaufstrich, Pekannüsse,
   Kakaopulver, Wasser und Salz). Beiseitestellen.
3) In einer Rührschüssel die trockenen Zutaten für den Teig vermischen
   (gemahlene Mandeln, Kokosmehl, Backnatron und Backpulver).
4) In einer separaten Rührschüssel mit einem elektrischen Handrührgerät
   die flüssigen Teigzutaten verrühren (Kokosöl, Honig, Eier und flüssige
   Vanille-Stevia).
5) Die trockenen Zutaten zu den flüssigen Zutaten geben und mit dem
   Handmixer verrühren.

## ZUSAMMENSETZEN

1) Die Hälfte des Teigs auf ein Stück ungebleichtes, mit etwas Kokosmehl
   bestäubtes Backpapier legen.
2) Den Teig zu einem Rechteck ausrollen (18 cm x 25 cm).
   Dabei die Ränder mit den Händen glätten.
3) Die Hälfte der Füllung der Länge nach in die Mitte des Teigrechtecks löffeln,
   sodass an beiden Längsseiten jeweils ungefähr 3,5 cm Rand frei bleiben.
4) Mithilfe des Backpapiers den Teig so über die Füllung klappen, dass die
   beiden Längsseiten sich in der Mitte treffen.
5) Mit der Handkante die Enden zusammendrücken und miteinander
   verbinden. Mithilfe eines Pizzaschneiders oder eines scharfen Messers
   den überschüssigen Teig abschneiden.
6) Mit dem Pizzaschneider von der Rolle ungefähr 2,5 cm dicke Plätzchen
   vorsichtig abschneiden.
7) Ein Backblech mit ungebleichtem Backpapier auslegen.
8) Zwischen den Plätzchen auf dem Backpapier jeweils 2,5 cm Abstand
   lassen.
9) Diesen Vorgang mit der anderen Hälfte des Teigs und der Füllung
   wiederholen.
10) Die Plätzchen ungefähr 12 Minuten backen.
11) Die Plätzchen bei Zimmertemperatur aufbewahren, leicht mit einem Tuch
    abgedeckt.

**Ergibt 18 bis 20 Plätzchen.**

Geröstete Kokosnuss passt hervorragend zu Schokolade.
Teilen Sie einen dieser großen, köstlichen Kekse mit jemandem, den Sie lieben …

# Schokoladen-KOKOS-KEKSE

## TROCKENE ZUTATEN

1 Tasse (75 g) ungesüßte
  Kokosraspeln

2 Tassen (224 g)
  gemahlene Mandeln

2/3 Tasse (102 g)
  Kokoszucker

2/3 Tasse (68 g)
  geschrotete Leinsamen

1 1/2 TL Backnatron

## FLÜSSIGE ZUTATEN

1/2 Tasse geschmolzenes
  Kokosöl

2 Eier, in einer Schale
  mit warmem Wasser auf
  Zimmertemperatur
  gebracht (kalte Eier
  lassen das Kokosöl hart
  werden)

## ZUM UNTERHEBEN

85 g Bitterschokolade,
  grob zerkleinert,
  oder 70 g Kakaonibs

1) Den Backofen auf 180 °C vorheizen.

2) Die Kokosraspeln gleichmäßig auf ein Backblech streuen und
   5 bis 10 Minuten rösten; dabei einmal umrühren und gut darauf achten,
   dass sie nicht zu dunkel werden.

3) Die gerösteten Kokosraspeln abkühlen lassen und die Backofentemperatur
   auf 190 °C erhöhen. 1 Esslöffel der gerösteten Kokosraspeln zum Bestreuen
   der Kekse beiseitestellen.

4) In einer Rührschüssel den Rest der abgekühlten, gerösteten Kokosraspeln
   mit den gemahlene Mandeln, Kokoszucker, geschroteten Leinsamen und
   Backnatron mischen.

5) In einer separaten Rührschüssel mit einem elektrischen Handrührgerät
   die flüssigen Zutaten verrühren (Kokosöl und Eier).

6) Die trockenen Zutaten zu den flüssigen Zutaten geben und
   mit dem elektrischen Mixer verrühren, bis ein homogener Teig entsteht.

7) Der Teig sollte durch das geschmolzene Kokosöl nicht zu warm sein,
   wenn die zerkleinerte Schokolade untergerührt wird.
   (Falls der Teig zu warm ist, schmilzt die Schokolade.)

8) Ein Backblech mit ungebleichtem Backpapier auslegen.

9) Mit einem flexiblen Teigschaber aus Silikon den Teig in 8 Kugeln teilen.
   Diese mit einem Abstand von mindestens 7,5 cm voneinander auf das
   Backblech setzen, da sie während des Backens stark auseinanderlaufen.

10) Mit feuchten Händen die Kugeln zu Scheiben mit 7,5 cm Durchmesser
    flach drücken.

11) Die Oberseite der Scheiben mit den beiseitegestellten Kokosraspeln
    bestreuen und diese leicht in den Teig drücken.

12) Die Kekse ungefähr 15 Minuten backen.

13) Auf dem Backblech 5 Minuten auskühlen lassen, dann die Kekse
    auf Kuchengitter legen und dort vollständig auskühlen lassen.

**Ergibt 8 sehr große Kekse, die man gut teilen kann.**

Zu diesen Keksen hat mich meine liebe Freundin Elana (ElanasPantry.com) mit ihrem tollen Schokokeks-Rezept inspiriert. Es gibt drei unterschiedliche Varianten – je nachdem, wie Sie sich Ihre Schokokekse wünschen. Die meisten meiner Freunde bevorzugen ebenso wie ich die gemahlenen Mandeln der Marke Honeyville, doch diese Kekse werden mit gemahlenen Mandeln von Bob's Red Mill deutlich besser (insbesondere Variante 3).

# Schokoladen-Kekse MIT SCHOKOSTÜCKCHEN – DREI VARIANTEN

## TROCKENE ZUTATEN

2 Tassen (224 g)
gemahlene Mandeln

1/4 Tasse (34 g)
Pfeilwurzelmehl

1/4 Tasse (39 g)
Kokoszucker

1/4 TL Meersalz

1/4 TL Backnatron

## FLÜSSIGE ZUTATEN

1/2 Tasse Kokosfett

1/4 Tasse Honig

1 TL Vanille-Extrakt

## ZUM UNTERHEBEN

85 g Bitterschokolade,
fein gehackt,
oder 70 g Kakaonibs

**Variante 1**: Das unten beschriebene Rezept ergibt mitteldicke Kekse, die ein wenig knusprig sind.

**Variante 2**: Wenn Sie dickere, etwas weichere Kekse mögen, lassen Sie den Honig weg. Fügen Sie stattdessen 2 Esslöffel Wasser hinzu und verwenden Sie 1/2 Tasse Kokoszucker.

**Variante 3**: Für dünnere Kekse, die sowohl knusprig, als auch saftig sind, verwenden Sie 1/2 Tasse Honig und gar keinen Kokoszucker. Bei dieser Variante sollten Sie auf dem Backblech mindestens 7,5 cm Abstand zwischen den einzelnen Teigscheiben lassen, da sie sehr stark auseinanderlaufen und dabei ihre Größe ungefähr verdoppeln!

*Hinweis: Mit gemahlenen Mandeln von Honeyville fließen sie nicht ganz so stark auseinander.*

1) Den Backofen auf 180 °C vorheizen.
2) In einer Rührschüssel die trockenen Zutaten mischen (gemahlene Mandeln, Pfeilwurzelmehl, Kokoszucker, Salz und Backnatron).
3) Die flüssigen Zutaten (Kokosfett, Honig und Vanille-Extrakt) zu den trockenen Zutaten gießen und alles mit einem elektrischen Handmixer verrühren. (Es ist nicht nötig, die flüssigen Zutaten vorher separat zu verrühren.)
4) Die Schokolade unterheben.
5) Ein Backblech mit ungebleichtem Backpapier auslegen.
6) Den Teig in einen Eisportionierer füllen, der 20 g fasst (Größe 40), und damit Teigkugeln auf das Backblech setzen.
7) Mit feuchten Handflächen jede Kugel flach drücken, sodass die entstehende Scheibe ungefähr 5 cm Durchmesser hat. Etwa 5 cm Abstand zwischen den einzelnen Teigscheiben lassen, damit sie auseinander- fließen können. (Ausnahme: Bei Variante 3 einen Abstand von 7,5 cm einhalten.)
8) Die Kekse ungefähr 12 Minuten backen, bis die Ränder goldbraun werden. Sie garen noch ein wenig nach, wenn sie aus dem Backofen geholt worden sind.
9) Die Kekse 5 Minuten auf dem Backblech auskühlen lassen. Dann die Kekse mithilfe eines Pfannenwenders auf Kuchengitter legen und dort vollständig auskühlen lassen.

**Ergibt 20 Kekse.**

# Puddings, Pies und Pasteten

**KOKOSSCHLAGSAHNE (AUS FERTIG GEKAUFTER KOKOSMILCH)** 116
OHNE EI

**KOKOSSCHLAGSAHNE (AUS FRISCHEN, JUNGEN KOKOSNÜSSEN)** 118
OHNE EI

**VANILLE-SCHOKO-BROTPUDDING** 120

**PSEUDO-MAISBROT** 120

**MINI-SCHOKO-HASELNUSS-PASTETEN** 122
OHNE EI

**SCHOKOLADEN-PUDDING** 124
OHNE EI

**BAISER-SCHICHTSPEISE** 126

**SCHOKOWIRBEL-KÄSEKUCHEN** 128
OHNE EI

**SCHOKOTORTE MIT KEKSBODEN** 130
OHNE EI

**„ERDNUSSBUTTER"-KÄSEKUCHEN** 132
OHNE EI

**POCHIERTE GLÜHWEIN-BIRNEN MIT GANACHE** 134
OHNE EI

**SCHOKOLADEN-TRIFLE MIT ERDBEEREN** 136

**HALBGEFRORENE ERDBEERPIE MIT SCHOKOLADEN-BODEN** 138
OHNE EI

Es gibt zwei verschiedene Möglichkeiten, aus Kokosmilch Schlagsahne beziehungsweise Kokoscreme herzustellen. Eine Variante besteht darin, vollfette Kokosmilch aus der Dose zu verwenden, bei der sich die festen Bestandteile abgesetzt haben. Doch nicht immer setzen sich diese ab – das kann sehr frustrierend sein. Aber wenn Sie Dosen haben, bei denen sich die festen Bestandteile abgesetzt haben, oder falls Sie wissen, dass es klappt, wenn Sie die Dosen über Nacht in den Kühlschrank stellen, ist dies die einfachere und preiswertere Option.

Die zweite Möglichkeit ist, für die Herstellung der Schlagsahne frische Kokosnüsse zu verwenden (siehe Seite 118). Manchmal nutze ich beide Varianten und mische dann die Sahne. Wenn frische Kokosschlagsahne und solche, die aus Dosen-Kokosmilch hergestellt worden ist, kombiniert werden, ist die Konsistenz besonders cremig.

# Kokosschlagsahne [AUS FERTIG GEKAUFTER KOKOSMILCH]

## ZUTATEN

765 ml vollfette
  Kokosmilch*
  aus der Dose

1 EL Honig

1 TL Vanille-Extrakt

Einige Tropfen flüssige
Vanille-Stevia nach
Geschmack (optional)


*Ich verwende Kokosmilch von „Natural Value", da diese Marke ohne Guarkernmehl und Bisphenol A auskommt. Das Rezept funktioniert auch mit Aroy-D Coconut Cream im Tetrapack, die zu 100 Prozent aus Kokoscreme besteht und der ebenfalls kein Guarkernmehl zugesetzt ist. Sollte sich diese Kokoscreme im Kühlschrank nicht in feste und flüssige Bestandteile trennen, gießen Sie sie in eine Schüssel, die Sie einfrieren. Dann tauen Sie die Creme bei Zimmertemperatur auf – nicht erhitzen, sonst trennt sich die Kokoscreme nicht. Nun können Sie die festen Bestandteile abschöpfen und mit Schritt 2 im Rezept fortfahren.


Hinweis:
Mir ist es nun seit über einem Jahr nicht gelungen, bei Marken, die Guarkernmehl verwenden (wie beispielsweise „Thai Kitchen"), eine Trennung der festen und flüssigen Bestandteile zu erreichen. Doch ich weiß von anderen, dass es klappen kann.

1) Die Kokosmilchdosen über Nacht in den Kühlschrank stellen.

2) Eine dünne Stoffserviette über eine große Rührschüssel legen und den Inhalt einer Kokosmilchdose auf die Serviette gießen.

3) Die Serviette hochheben und die Flüssigkeit ausdrücken. Nicht zu viel ausdrücken, sonst wird die Kokoscreme zu trocken. Einfach den Großteil der Flüssigkeit entfernen.

4) Die Schritte 2 und 3 mit der zweiten Dose Kokosmilch wiederholen. Wenn die Stoffserviette geöffnet wird, sollte die Kokoscreme aussehen, wie eine Kugel Quark oder Frischkäse.

5) In einer kleinen Rührschüssel Honig, Vanille-Extrakt und flüssige Vanille-Stevia (nach Geschmack) verrühren.

6) Die abgetropfte Kokoscreme zur Honig-Vanille-Mischung hinzufügen und mit einem elektrischen Handmixer erst auf kleiner, dann auf hoher Stufe ungefähr 1 Minute schlagen.

Puddings, Pies und Pasteten

Um etwas mehr als 1 Tasse Creme zu bekommen, benötigen Sie mindestens drei ganze, frische junge Kokosnüsse (die weißen mit spitz zulaufender Oberseite). Diese Zubereitung kostet Sie circa 9 Euro, je nachdem, wo Sie leben, und dauert etwa eine halbe Stunde. Wenn Sie jedoch die Zeit und das Geld dafür aufwenden können, lohnt es sich sehr. Diese frisch hergestellte Sahne schmeckt noch viel besser als die aus der Dose.

# Kokosschlagsahne [AUS FRISCHEN, JUNGEN KOKOSNÜSSEN]

**ZUTATEN**

Mindestens 3 ganze, frische, junge Kokosnüsse (die weißen mit spitz zulaufender Oberseite)

1) Eine Kokosnuss hinlegen und vorsichtig die spitz zulaufende Oberseite abschneiden, bis etwas Braun zu sehen ist. Dann die Kokosnuss aufrecht hinstellen.
2) Zur Sicherheit die Hand, mit der nicht geschnitten wird, hinter den Rücken nehmen, damit keine Verletzung mit dem Messer entsteht.
3) Mit dem hinteren Teil der Schneide des Messers den oberen Teil der Kokosnuss im 45°-Winkel einschneiden.
4) Wenn sich die Kokosnuss noch nicht öffnet, an einer anderen Stelle dasselbe Verfahren noch einmal anwenden. (Wiederum die zweite Hand in Sicherheit bringen.) Auf diese Weise fortfahren, bis die Oberseite geöffnet werden kann.
5) Das nährstoffreiche Kokoswasser in ein großes Glas gießen. (Ich verwende dafür große Einmachgläser.) Was nicht sofort getrunken wird, im Kühlschrank aufbewahren. *Hinweis: Das Kokoswasser sollte klar und leicht gelblich sein. Falls es rosafarben oder violett aussieht, ist die Kokosnuss schlecht, und Sie sollten weder das Wasser noch das Fruchtfleisch verwenden.*
6) Einen flexiblen Teigschaber aus Silikon zwischen Fruchtfleisch und Innenseite der Kokosschale stecken. Dann mit dem Teigschaber einmal rundherum das Fleisch von der Innenwand der Kokosnuss lösen.
7) Das Fruchtfleisch aus der Kokosnuss herausholen. In der Regel kommt es im Ganzen heraus.
8) Diese Vorgehensweise bei zwei oder mehreren weiteren Kokosnüssen wiederholen.
9) In einer Küchenmaschine das Kokosfruchtfleisch pürieren; dabei gelegentlich das Fleisch von den Seiten des Behälters lösen. Mixen, bis eine geschmeidige, luftige Creme entstanden ist.

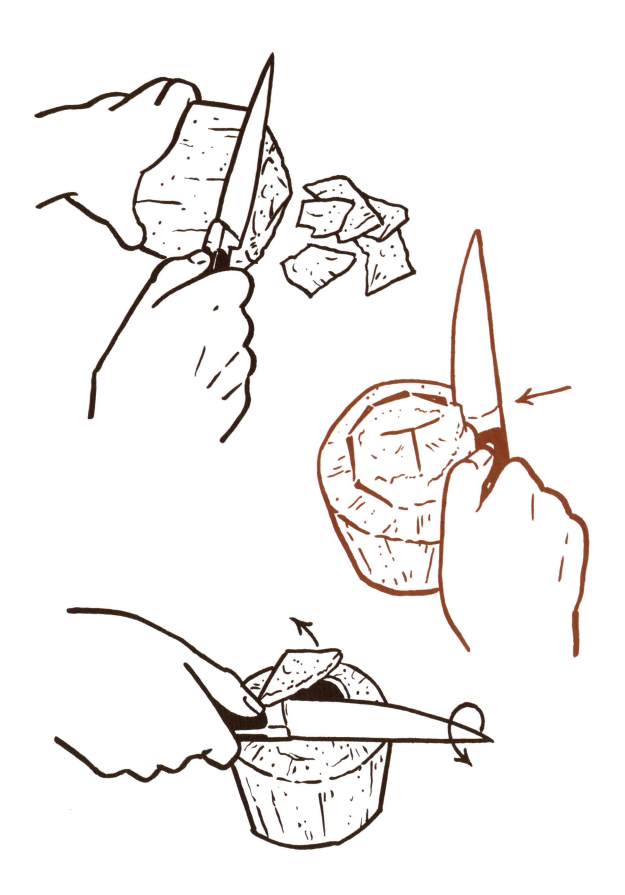

Dieser Brotpudding schmeckt einfach himmlisch! Ich kann mich tatsächlich nicht erinnern, jemals einen besseren probiert zu haben – weder vor noch nach der Umstellung meiner Ernährungsweise.

# Vanille-Schoko-BROTPUDDING

Etwa 3/4 Laib Pseudo-Maisbrot (siehe unten)

7 Eigelb (übrig vom Rezept für Crêpes, Seite 82)

1 ganzes Ei

3 Tassen vollfette Kokosmilch aus der Dose

2 EL Honig

1 Vanilleschote, der Länge nach aufgeschnitten und Mark herausgekratzt

1/8 TL flüssige Vanille-Stevia

1/8 TL Meersalz

## ZUM GARNIEREN

45 g Bitterschokolade

Zerkleinerte Beeren zum Garnieren (optional)

1) Das Pseudo-Maisbrot schräg in vier Dreiecke schneiden.
2) Bei drei der vier Maisbrot-Dreiecke die Rinde abschneiden und jedes dieser drei Dreiecke längs durchschneiden, sodass sie nur noch halb so dick sind.
3) Das Brot in eine gefettete Backform (23 cm x 17,5 cm) füllen.
4) Bei 150 °C ungefähr 30 Minuten backen, damit es austrocknet. Dann auskühlen lassen. (Sonst nimmt es keine Flüssigkeit auf.)
5) In einer Rührschüssel Eigelb, das ganze Ei, Kokosmilch, Honig, Vanilleschote, flüssige Vanille-Stevia und Salz verrühren.
6) Die Mischung über das ausgekühlte Brot in die Backform gießen.
7) Die Form abdecken und das Brot im Kühlschrank ungefähr 8 Stunden in dieser Mischung einweichen.
8) Die Form aus dem Kühlschrank holen und Zimmertemperatur annehmen lassen (ungefähr 1 1/2 Stunden).
9) Das Gericht bei 165 °C ungefähr 30 Minuten backen.
10) Den Brotpudding warm servieren, garniert mit zerkleinerter Schokolade und Beeren.
11) Wenn der Brotpudding aufgewärmt werden muss, die Form vorher abdecken.

**Ergibt ungefähr 10 Portionen.**

# PSEUDO-MAISBROT

## TROCKENE ZUTATEN

1 3/4 Tassen (198 g) gemahlene Mandeln

1/2 Tasse (68 g) Kokosmehl, gesiebt

1/4 Tasse (34 g) Pfeilwurzelmehl

1 TL Meersalz

3/4 TL Backnatron

## FLÜSSIGE ZUTATEN

1 Tasse vollfette Kokosmilch aus der Dose

4 Eier

1/4 Tasse geschmolzenes Kokosöl*

1 EL Apfelessig

1 EL Honig

1) Den Backofen auf 180 °C vorheizen.
2) Eine Backform (20 cm x 20 cm) einfetten und beiseitestellen.
3) In einer Rührschüssel die trockenen Zutaten mischen (gemahlene Mandeln, Kokosmehl, Pfeilwurzelmehl, Salz und Backnatron).
4) In einer separaten Rührschüssel mit einem elektrischen Handrührgerät die flüssigen Zutaten verrühren (Kokosmilch, Eier, Kokosöl, Apfelessig und Honig).
5) Die trockenen Zutaten zu den flüssigen Zutaten geben und mit einem elektrischen Handmixer verrühren, bis ein homogener Teig entsteht.
6) Mit einem flexiblen Teigschaber aus Silikon den Teig in die gefettete Backform füllen.
7) Den Teig glatt streichen und die Oberfläche mit feuchten Händen oder dem Teigschaber glätten.
8) Ungefähr 38 Minuten backen..

**Ergibt ungefähr 9 Portionen.**

*Verwenden Sie Kokosöl, wenn das Pseudo-Maisbrot für diesen Brotpudding gedacht ist. Falls Sie das Brot als Beilage essen möchten, können Sie das Kokosöl auch durch Schweineschmalz ersetzen.

Diese Schoko-Haselnuss-Füllung basiert auf einem Rezept aus meinem Kochbuch „Dairy-Free Ice Cream". Sie enthält deutlich weniger Zucker als fertig gekaufte Varianten und kommt ohne Milchprodukte aus. Die Füllung schmeckt zu allem gut – und ist auch toll, wenn man sie pur löffelt!

# MINI-Schoko-Haselnuss-PASTETEN

## ZUTATEN FÜR DIE SCHOKO-HASELNUSS-FÜLLUNG

1 1/2 Tassen Haselnüsse

1 1/2 Tassen vollfette Kokosmilch aus der Dose

1/2 Tasse (40 g) Kokoszucker

1/8 TL Meersalz

255 g Bitterschokolade

## TROCKENE ZUTATEN FÜR DEN TEIG

1 Tasse (108 g) fein gemahlene Walnüsse

1/2 Tasse (68 g) Kokosmehl, gesiebt

1 1/2 EL geschrotete Chia-Samen

1 TL Backnatron

1 TL Backpulver

## FLÜSSIGE ZUTATEN FÜR DEN TEIG

1/4 Tasse + 2 EL Apfelmus ohne Zuckerzusatz

1 EL Honig

10 Tropfen flüssige Vanille-Stevia

1/4 Tasse geschmolzenes Kokosöl

## ZUBEREITUNG DER SCHOKO-HASELNUSS-FÜLLUNG

1) Den Backofen auf 180 °C vorheizen.
2) Die Haselnüsse auf einem Backblech im Backofen ungefähr 15 Minuten rösten.
3) Währenddessen in einem kleinen Kochtopf Kokosmilch, Kokoszucker und Salz erhitzen. Wenn der Zucker geschmolzen ist, den Topf mit der Mischung vom Herd nehmen und beiseitestellen.
4) Die gerösteten Haselnüsse aus dem Backofen holen und auf ein sauberes, trockenes Geschirrtuch gießen. Die Haselnüsse im Tuch aneinander reiben, um einen Großteil der Haut von den Nüssen zu entfernen.
5) In einer Küchenmaschine die Haselnüsse zerkleinern, bis sie sehr fein gemahlen sind; dann die Küchenmaschine beiseitestellen.
6) Über einem Wasserbad die Bitterschokolade schmelzen.
7) Die geschmolzene Schokolade zu den gemahlenen Haselnüssen in die Küchenmaschine gießen und die Mischung ungefähr 2 Minuten pürieren, bis sie cremig und homogen ist.
8) Kokosmilchmischung zur Schokoladen-Haselnuss-Mischung gießen. Pürieren, bis eine geschmeidige Masse entsteht.

## ZUBEREITUNG DES TEIGS

1) In einer Rührschüssel die trockenen Zutaten mischen (gemahlene Walnüsse, Kokosmehl, geschrotete Chia-Samen, Backnatron und Backpulver).
2) In einer separaten Rührschüssel mit einem elektrischen Handrührgerät die flüssigen Zutaten verrühren (Apfelmus, Honig und flüssige Vanille-Stevia) und das geschmolzene Kokosöl bei laufendem Mixer zuletzt hinzufügen.
3) Die trockenen Zutaten zu den flüssigen Zutaten geben und mit dem Handmixer verrühren.
4) Mithilfe eines großen (1/3 Tasse) Eisportionierers den Teig gleichmäßig auf sechs Tartelette-Förmchen (10 cm x 2 cm) aufteilen. Den Teig auf dem Boden der Formen glatt streichen.
5) Alle sechs Formen auf ein Backblech stellen und die Teigböden ungefähr 12 Minuten backen (ohne Füllung).
6) Die fertig gebackenen Böden vollständig auskühlen lassen.

## ZUSAMMENSETZEN

1) Die Schoko-Haselnuss-Füllung gleichmäßig auf den ausgekühlten Teigböden verteilen. Jede Mini-Pastete mit gehackten Haselnüssen bestreuen, dann in den Kühlschrank stellen. Zum Servieren die Pastetchen aus den Formen lösen und Zimmertemperatur annehmen lassen.

**Ergibt 6 kleine Pasteten – 2 Portionen pro Pastete.**

*Puddings, Pies und Pasteten*

Köchelnden Schokopudding umzurühren, war eine der ersten Aufgaben, die ich als Kind in der Küche übernehmen durfte. Ich glaube, damals war ich wohl etwa acht Jahre alt. Und mein Kochrepertoire habe ich kaum erweitert, bis ich in den Zwanzigern war!

# Schokoladen-PUDDING

1 Tasse ungesüßte Mandelmilch

1 Tasse vollfette Kokosmilch aus der Dose

4 große, weiche, entsteinte Medjool-Datteln

1 Vanilleschote, der Länge nach aufgeschnitten und Mark herausgekratzt

85 g fertig gekaufte Bitterschokolade, grob zerkleinert

1) In einem Mixer oder einer Küchenmaschine Mandelmilch, Kokosmilch, Datteln und Vanilleschote pürieren, bis eine geschmeidige Masse entsteht. Wahrscheinlich werden die einzelnen Zutaten sich trennen, aber das macht nichts.

2) Die Mischung in einen kleinen Kochtopf füllen und zum Köcheln bringen; dabei darauf achten, dass sie nicht überkocht.

3) Auf kleinere Stufe zurückschalten und 10 Minuten köcheln lassen, dabei häufig umrühren.

4) Die Herdplatte ausschalten und die Schokolade zur Mischung in den Topf geben. Umrühren, bis die Schokolade geschmolzen ist und sich mit den restlichen Zutaten verbunden hat.

5) Den Pudding auf Schälchen verteilen und warm oder kalt servieren. Wenn er im Kühlschrank aufbewahrt wird, dickt der Pudding ein.

**Ergibt 2 bis 4 Portionen, je nach Größe der Schälchen.**

*Puddings, Pies und Pasteten*

Ich versuchte, ein Baiser-Schoko-Rezept zu kreieren, doch bei dem traditionellen Verhältnis von einem Eiweiß zu 1/4 Tasse Zucker war mir das Ergebnis zu süß. Selbst mein Mann, der es deutlich süßer mag als ich, war dieser Meinung. Deshalb nahm ich beim zweiten Versuch nur die halbe Zuckermenge. Dadurch wurde das Gebäck leichter und luftiger, und durch den Kokoszucker erinnerte der Geschmack an über dem Lagerfeuer geröstete Marshmallows. Mmmmh! Da die Baisers nun aber auch bröseliger waren, entstand dieses Rezept für eine Schichtspeise – das sollten Sie unbedingt mal probieren!

# Baiser-SCHICHTSPEISE

### ZUTATEN FÜR DIE KEKSE

2 große Eiweiß

1/4 TL Weinstein

1/4 Tasse (39 g) Kokos-zucker, in einem kleinen Standmixer oder einer Kaffeemühle gemahlen

### ZUTATEN FÜR DIE ANDEREN SCHICHTEN

1 Rezept Ganache (Seite 80)

1 Rezept Kokosschlagsahne (Seite 116)

1) Den Backofen auf 105 °C vorheizen.
2) In einer kleinen Schüssel das Eiweiß mit einem elektrischen Mixer schaumig schlagen.
3) Weinstein hinzufügen und weiter schlagen, bis das Eiweiß steif wird.
4) Den gemahlenen Kokoszucker auf einmal hinzufügen und die Masse nur so lange schlagen, bis sich der Zucker aufgelöst hat (wenige Sekunden).
5) Ein Backblech mit ungebleichtem Backpapier auslegen und beiseitestellen.
6) Die Baisermasse in einen großen Frischhaltebeutel füllen. Von einer Ecke des Beutels etwa 6 mm abschneiden. Baiser-Streifen auf das Backblech spritzen. Wenn das Gebäck kleiner ist, wird es beim Entfernen vom Backpapier nicht so leicht zerbröseln; aber es sind beliebige Formen und Größen möglich. Diese Baisers sind deutlich feiner als die traditionelle Version, da sie nur halb so viel Zucker enthalten.
7) Die Baisers 2 Stunden backen.
8) Den Backofen ausschalten, aber die Baisers noch einige weitere Stunden darin stehen lassen, bis sie vollständig getrocknet sind.
9) Am besten schmecken die Baisers ganz frisch. Später werden sie weich.

### ZUSAMMENSETZEN

1) In jedes der vier kleinen Gläser einen Löffel Ganache füllen.
2) Eine Handvoll Baiser über die Ganache bröseln.
3) Einige Löffel Kokosschlagsahne darüberlöffeln.
4) Auf diese Weise weiter einschichten, bis die Gläser voll sind.

**Ergibt 4 Schichtspeisen.**

Als ich erfuhr, dass ich keine Milchprodukte mehr essen durfte, war ich niedergeschlagener als nach der Erkenntnis, dass ich auf Gluten verzichten musste. Damals stellte ich meine Ernährung auf Rohkost um. Ich lernte, wie ich bei fast allen meiner Lieblingsrezepte die Milchprodukte durch Cashewkerne und Kokosnuss ersetzen konnte. Mit vielen Techniken aus der Rohkosternährung schuf ich meine eigenen, milchfreien Rezepte. Und ich freue mich sehr, Sie nun daran teilhaben zu lassen!

# Schokowirbel-KÄSEKUCHEN

## ZUTATEN FÜR DEN TEIG

1 Tasse (75 g) ungesüßte Kokosraspeln

1/2 Tasse (ungefähr 8) weiche, entsteinte Medjool-Datteln

2 EL (29 g) rohes Kakaopulver

1 TL Vanille-Extrakt

Prise Meersalz

## ZUTATEN FÜR DIE FÜLLUNG

1 Tasse Kokoscreme*

1/2 Tasse (70 g) Cashewnussstückchen, 4-8 Stunden eingeweicht

1/4 Tasse Honig

1 EL Zitronensaft

1 TL Vanille-Extrakt

1/8 TL flüssige Vanille-Stevia

1/4 Tasse geschmolzenes Kokosöl

## ZUTATEN FÜR DEN WIRBEL

1 Rezept Ganache (Seite 80)

*Für die Herstellung der Kokoscreme befolgen Sie das Rezept für Kokosschlagsahne (Seite 116), fügen aber weder Honig, noch Vanille oder Stevia hinzu.

## ZUBEREITUNG DES TEIGS

1) In einer Küchenmaschine Kokosraspeln, Datteln, rohes Kakaopulver, Vanille-Extrakt und Salz pürieren, bis die Zutaten verklumpen.

2) Die Ränder einer Springform (18 cm Durchmesser) mit einem Ring aus ungebleichtem Backpapier auslegen. Die beiden Enden des Rings können aneinander geheftet werden, damit der Ring besser zusammenhält.

3) Die vorbereitete Form mit dem Teig auslegen und beiseitestellen.

## ZUBEREITUNG DER FÜLLUNG

1) In einer Küchenmaschine Kokoscreme, Cashewnüsse, Honig, Zitronensaft, Vanille-Extrakt und flüssige Vanille-Stevia pürieren. Zuletzt das geschmolzene Kokosöl hinzufügen, während die Küchenmaschine läuft.

2) Einige weitere Minuten rühren. Anfangs wird sich das Fett absetzen. Doch durch die Wärme, die beim Pürieren entsteht, verbinden sich die Zutaten später miteinander. Die Füllung ist fertig, wenn sie ganz homogen ist und wie eine Sahnesoße aussieht.

3) Ein paar Esslöffel der Füllung für den Wirbel oben auf dem Kuchen aufbewahren.

4) Den Rest der Füllung auf den Teigboden streichen und beiseitestellen, während die Ganache zubereitet wird.

## DER WIRBEL

1) Die Ganache sollte bei der Verarbeitung sehr warm sein. Im Zweifelsfall noch einmal erwärmen, bevor sie für den Wirbel verwendet wird.

2) Wenn die Füllung beginnt, fest zu werden (wie Frischkäse), etwas von der Ganache darüberträufeln. *Hinweis: Sie werden nicht die komplette Ganache benötigen.*

3) Die Ganache verwirbeln, indem man mit einem Messer auf der Kuchenoberfläche die Form einer Acht zeichnet.

4) Den beiseitegestellten Rest der Füllung erwärmen und so viel wie erforderlich auf der Oberseite des Kuchens verwenden, um ein schönes Muster zu kreieren. Wenn beispielsweise an einer Stelle ein Klumpen Ganache störend aussieht, einfach etwas von der erwärmten Füllung darübergießen und mit dem Messer verwirbeln.

5) Den Käsekuchen über Nacht in den Kühlschrank stellen.

## SERVIEREN

1) Den Käsekuchen aus dem Kühlschrank holen. Den Rand der Springform entfernen und das Backpapier abziehen.

2) Ein großes Küchenmesser in einem Glas mit sehr heißem Wasser anwärmen. Mit dem Messer den Käsekuchen komplett vom Boden der Springform lösen. Den Kuchen auf eine Kuchenplatte stellen.

3) Das Messer erneut in sehr heißem Wasser erwärmen und mit einem Geschirrtuch abtrocknen. Mit dem Messer den noch kalten Käsekuchen in Stücke schneiden.

4) Den Käsekuchen vor dem Servieren Zimmertemperatur annehmen lassen. Im Kühlschrank aufbewahren.

**Ergibt 12 Portionen.**

*Puddings, Pies und Pasteten*

Diese Schokotorte mit Keksboden eignet sich wunderbar für Feiertage und ist nicht sehr aufwendig.

# Schokotorte MIT KEKSBODEN

## ZUTATEN FÜR DEN KEKSBODEN

1 Tasse (100 g) Walnuss-kernhälften und -stücke

1/4 Tasse (ungefähr 4) weiche, entsteinte Medjool-Datteln

1 TL Zimt

Prise Meersalz

## FÜLLUNG ZUTATEN

1 Tasse Kokoscreme*

1/2 Tasse (ungefähr 8) weiche, entsteinte Medjool-Datteln

85 g Bitterschokolade (bevorzugt selbst gemacht, Seite 172), geschmolzen

1/4 Tasse geschmolzenes Kokosöl

2 TL Vanille-Extrakt

*Verwenden Sie für die Füllung die festen Bestandteile vollfetter Kokosmilch, die sich in einer Dose abgesetzt haben (zum Beispiel der Marke „Natural Value", die ohne Bisphenol A auskommt). Damit sich die festen von den flüssigen Bestandteilen trennen, stellen Sie einige Dosen über Nacht in den Kühlschrank. Für diese Füllung müssen Sie die festen Bestandteile nicht in einem Stofftuch aus-drücken (im Gegensatz zur Herstellung von Kokosschlag-sahne, Seite 116).

1) Für den Keksboden in einer Küchenmaschine Walnüsse, Datteln, Zimt und Salz ungefähr 20 Sekunden pürieren, bis alles sehr fein ist.
2) Die Masse in eine gläserne Pie-Backform füllen, am Boden und bis auf halber Höhe am Rand festdrücken.
3) Den Behälter der Küchenmaschine ausspülen.
4) In einem kleinen Kochtopf die Kokoscreme etwas erwärmen.
5) Erwärmte Kokoscreme, Datteln, Schokolade, Kokosöl und Vanille-Extrakt in die Küchenmaschine füllen und 1 Minute pürieren, bis die Füllung dunkel und ganz geschmeidig ist.
6) Die Füllung auf den Keksboden streichen. Die Torte kühl stellen.
7) Kurz vor dem Servieren Kokosschlagsahne zubereiten und dazu reichen.
8) Die Schokotorte im Kühlschrank aufbewahren.

**Ergibt 8 Portionen.**

Puddings, Pies und Pasteten

Wenn Sie Käsekuchen und die Kombination von Erdnussbutter und Schokolade mögen, werden Sie diesen Nachtisch lieben. Meinen Mann erinnert dieses Dessert an eine Eistorte von Carvel.

# „Erdnussbutter"-KÄSEKUCHEN

## TROCKENE ZUTATEN FÜR DEN BODEN

1 1/2 Tassen (170 g) beliebige gemahlene Nüsse

1/4 Tasse (23 g) Kakaopulver

2 EL (12 g) geschrotete Chia-Samen

2 EL (20 g) Kokoszucker

1/4 TL Backnatron

1/8 TL Meersalz

## FLÜSSIGE ZUTATEN FÜR DEN BODEN

2 EL Apfelmus ohne Zuckerzusatz

30 g Bitterschokolade, über einem Wasserbad geschmolzen

1/4 TL flüssige Vanille-Stevia

2 TL Wasser

## ZUTATEN FÜR DIE FÜLLUNG

1/2 Tasse Kokoscreme*

1/2 Tasse Sonnenblumenkern-Butter ohne Zuckerzusatz

3/4 Tasse (105 g) Cashewnuss-Stückchen, 4-8 Stunden eingeweicht, dann gefiltert

1/4 Tasse Honig

1 EL Zitronensaft

1 TL Vanille-Extrakt

1/8 TL flüssige Vanille-Stevia

1/8 TL Meersalz

2 EL geschmolzenes Kokosöl

*Für die Herstellung der Kokoscreme befolgen Sie das Rezept für Kokosschlagsahne (Seite 116), fügen aber weder Honig, noch Vanille oder Stevia hinzu.

## ZUBEREITUNG DES KEKSBODENS

1) Den Backofen auf 180 °C vorheizen.
2) In einer Küchenmaschine die Nüsse fein mahlen oder fertig gemahlene Nüsse verwenden.
3) In einer Rührschüssel die trockenen Zutaten mischen (gemahlene Nüsse, Kakaopulver, geschrotete Chia-Samen, Kokoszucker, Backnatron und Salz).
4) In einer separaten Rührschüssel die flüssigen Zutaten verrühren (Apfelmus, geschmolzene Schokolade, flüssige Vanille-Stevia und Wasser).
5) Die trockenen Zutaten zu den flüssigen Zutaten geben und alles mithilfe eines elektrischen Handmixers verrühren.
6) Den Boden einer Springform (18 cm) mit ungebleichtem Backpapier auslegen.
7) Die Hälfte der (sehr bröckeligen) Teigmischung auf dem Boden der Springform verteilen und festdrücken. Den Rest für die Füllung aufbewahren.
8) Den Boden ungefähr 14 Minuten backen und vor dem Füllen vollständig auskühlen lassen.

## ZUBEREITUNG DER FÜLLUNG

1) In einer Küchenmaschine Kokoscreme, Sonnenblumenkern-Butter, Cashewnüsse, Honig, Zitronensaft, Vanille-Extrakt, flüssige Vanille-Stevia und Salz pürieren und zuletzt bei laufendem Gerät das geschmolzene Kokosöl hinzufügen. Die Mischung einige Minuten pürieren, bis sie ganz geschmeidig wird.
2) Den Rand der Springform mit einem Ring aus Backpapier auslegen. Die beiden Enden des Rings können aneinandergeheftet werden, damit der Ring besser zusammenhält.
3) Mit einem flexiblen Teigschaber aus Silikon die Hälfte der Füllung auf den Boden löffeln und glatt streichen.
4) Den Großteil der restlichen Teigmischung darüberbröseln und lediglich einige wenige Esslöffel zur Garnierung zurückbehalten. Die Teigmischung leicht in die Füllung drücken.
5) Den Rest der Füllung auf der Teigmischung verteilen und mit dem Teigschaber glatt streichen.
6) Die restliche Teigmischung zum Garnieren darüberbröseln. Den Käsekuchen über Nacht in den Kühlschrank stellen, damit er fest wird. Im Kühlschrank aufbewahren.

## SERVIEREN

1) Den Rand der Springform entfernen und das Backpapier abziehen.
2) Mithilfe eines dünnen Pfannenwenders den Käsekuchen aus der Form holen und das Backpapier wegwerfen.
3) Ein großes Küchenmesser in einem Glas mit sehr heißem Wasser erwärmen und den Käsekuchen in Stücke schneiden.

**Ergibt 12 Portionen.**

132 Puddings, Pies und Pasteten

Zugegebenermaßen finde ich, dass diese pochierten Birnen ausgesprochen hübsch anzusehen sind. Und sie schmecken noch dazu genauso gut, wie sie aussehen!

# POCHIERTE GLÜHWEIN-BIRNEN MIT *Ganache*

## ZUTATEN FÜR DIE BIRNEN

6 Tassen (ungefähr 1 1/2 Flaschen) Rotwein nach Geschmack

6 Beutel Glühwein-Gewürz-mischung, zum Beispiel „R. W. Knudsen Organic Mulling Spices"

6 reife (aber nicht überreife) Birnen (wenn möglich mit Stiel)

2-4 EL Honig nach Geschmack

## ZUM GARNIEREN

1 Rezept Ganache (Seite 80)

1) Den Wein in einem Topf (Volumen 2,8 Liter) mit Deckel zum Köcheln bringen. (Ich verwende einen Topf der Marke „Le Creuset", der ungefähr 23 cm Durchmesser hat und 10 cm hoch ist.)

2) Die Glühwein-Gewürzmischung im Teebeutel hinzufügen, die Herdplatte ausschalten und 15 Minuten ziehen lassen. Beutel entfernen und den Glühwein erneut zum Köcheln bringen.

3) Birnen schälen, aber die Stiele nicht entfernen. Die geschälten Birnen am Stiel fassen oder einen großen Schaumlöffel verwenden, um sie vorsichtig in den Glühwein zu tauchen. (Die Birnen müssen nicht aufrecht stehen und können auch seitlich liegen.)

4) Auf kleinere Stufe zurückschalten, den Topf abdecken und die Birnen ungefähr 10 Minuten pochieren, bis sie weich sind.

5) Vorsichtig die Birnen herausholen und den Glühwein abkühlen lassen.

### SERVIEREN

1) Die Ganache über die Birnen löffeln.

2) Den Glühwein filtern und zu den Birnen servieren. Er kann auch aufbewahrt und später getrunken werden.

**Ergibt 6 Portionen.**

*Puddings, Pies und Pasteten*

Dieser Trifle ist so hübsch anzusehen, dass seine Zubereitung allemal die Mühe wert ist. Servieren Sie ihn Ihren Gästen zu einem besonderen Anlass – Sie werden bestimmt viel Bewunderung ernten.

# Schokoladen-Trifle MIT ERDBEEREN

1 Rezept Gugelhupf-Teig
(Seite 80)

1-2 Packungen frische
Erdbeeren, je nach Größe
des Trifles

1 Rezept Kokosschlagsahne
(Seite 116)

1 Rezept Ganache
(Seite 80)

1) Eine runde Kuchenform wählen, deren Durchmesser dem der Schüssel entspricht, in welcher der Trifle später serviert werden soll, oder ein wenig größer ist. Leicht einfetten. Den Boden der Backform mit ungebleichtem Backpapier auslegen, damit der Kuchen sich nachher leichter aus der Form lösen lässt.

2) Die Hälfte des Gugelhupf-Teigs in die Form füllen und backen, bis an einem Zahnstocher, den man in den Kuchen steckt, kein Teig mehr kleben bleibt. (Die Backzeit hängt von der Größe der verwendeten Backform ab.)

3) Den Kuchen 15 Minuten in der Form abkühlen lassen, dann vorsichtig auf ein Kuchengitter legen.

4) Die Erdbeeren abwaschen, Stiele und Blätter entfernen. (Ich hebe gern das abgeschnittene Oberteil der Erdbeeren auf, um den Trifle damit zu garnieren, wie auf dem Foto zu sehen.)

5) In einer Küchenmaschine die Erdbeeren pürieren, bis sie die Konsistenz von Marmelade mit groben Stückchen erreicht haben.

6) Die Erdbeeren unten in die Trifle-Schüssel füllen.

7) Als nächste Schicht folgt die Kokosschlagsahne.

8) Die Ränder des Kuchens so zurechtschneiden, dass er genau in die Schüssel passt, und auf der Sahneschicht platzieren.

9) Den Trifle mit der Ganache krönen und mit den Oberseiten der Erdbeeren oder weiteren, ganzen, frischen Erdbeeren garnieren.

10) Den Trifle bei Zimmertemperatur aufbewahren.

**Ergibt 6 bis 12 Portionen, je nach Größe der Portionen und der Trifle-Form.**

Puddings, Pies und Pasteten

Ich liebe die Kombination von Schokolade und Erdbeeren. Diese köstliche, halbgefrorene Pie mit Schokoladen-Boden ist schnell zubereitet und sieht einfach wunderbar aus.

# HALBGEFRORENE ERDBEERPIE MIT *Schokoladen-Boden*

## ZUTATEN FÜR DEN BODEN

1 Tasse (75 g) ungesüßte Kokosraspeln

1/2 Tasse (ungefähr 8) weiche, entsteinte Medjool-Datteln

2 EL (20 g) rohes Kakaopulver

1 TL Vanille-Extrakt

Prise Meersalz

## ZUTATEN FÜR DIE FÜLLUNG

2 Packungen (68 g) gefriergetrocknete Erdbeeren

3 Tassen Kokosschlagsahne (Seite 116)

1 EL Honig

1 EL Zitronensaft

1 TL Vanille-Extrakt

## ZUBEREITUNG DES BODENS

1) In einer Küchenmaschine Kokosraspeln, Datteln, rohes Kakaopulver, Vanille-Extrakt und Salz pürieren, bis die Zutaten zusammenklumpen.

2) Mit diesem Teig den Boden einer Springform (18 cm) auslegen, festdrücken, und beiseitestellen.

## ZUBEREITUNG DER FÜLLUNG

1) 1/4 Tasse der gefriergetrockneten Erdbeeren zum Garnieren beiseitestellen.

2) In einem kleinen Mixer oder einer Küchenmaschine (der/die vollkommen trocken sein muss!) die restlichen gefriergetrockneten Erdbeeren zu Pulver mahlen. 1 EL dieses Pulvers zum Garnieren beiseitestellen.

3) In einer Rührschüssel Kokosschlagsahne, Honig, Zitronensaft und Vanille-Extrakt verrühren.

4) Das Erdbeerpulver hinzufügen (mit Ausnahme des Esslöffels zum Garnieren). Die Füllung mit einem elektrischen Mixer ungefähr 1 Minute schlagen.

5) Mit einem flexiblen Teigschaber aus Silikon die Füllung auf den Boden streichen und gleichmäßig verteilen.

6) Die Pie vor dem Servieren 2 Stunden ins Gefrierfach stellen.

7) Mit einem Messer den Rand der Pie vom Rand der Springform lösen. Den Ring der Springform entfernen und mit einem Messer den Schokoladen-Boden vom Boden der Springform lösen.

8) Die Pie auf eine Tortenplatte stellen.

9) Direkt vor dem Servieren die Pie mit dem aufbewahrten Esslöffel Erdbeerpulver bestäuben und mit den beiseitegestellten gefriergetrockneten Erdbeeren garnieren.

10) Ich bewahre diese Pie gerne unabgedeckt im Kühlschrank auf. Auf diese Weise trocknet sie ein wenig, sodass die Konsistenz stärker an Käsekuchen erinnert.

**Ergibt 10 Portionen.**

# Eis

**SCHOKOLADEN-„JOGHURT"-EIS** 142
OHNE EI

**KAFFEE-EISKUCHEN** 144
OHNE EI

**SALZKARAMELL-EIS MIT SCHOKOSTÜCKCHEN** 146
OHNE EI

**CREMIGES SCHOKOLADEN-PARFAIT** 148

**SAMTIGES SCHOKOLADEN-EIS** 150
OHNE EI

**MINZE-KONFEKT MIT SCHOKOLADEN-ÜBERZUG** 152
OHNE EI

**SONNENBLUMENKERN-EISBISSEN** 154
OHNE EI

Wenn Sie Eis mit intensivem Geschmack mögen, ist dieses Rezept bestimmt etwas für Sie.
Keine Sorge: Das Schokoladen-„Joghurt"-Eis ist ganz einfach zuzubereiten.

# Schokoladen-„JOGHURT"-EIS

750 ml vollfette
Kokosmilch aus der Dose

1 EL Ahornsirup

1/2 Tasse kochendes
Wasser

1 EL Gelatine

Ausreichend milchfreie
probiotische Kulturen
mit ungefähr 50
Milliarden Bakterien

2 EL rohes Kakaopulver

1/4 Tasse (ungefähr 4)
weiche, entsteinte
Medjool-Datteln

Flüssige Stevia nach
Geschmack

**1)** In einem Kochtopf Kokosmilch und Ahornsirup zum Kochen bringen und darauf achten, dass die Mischung nicht überkocht.

**2)** Auf kleinere Stufe zurückschalten und 3 Minuten köcheln lassen.

**3)** Das kochende Wasser in einen gläsernen Messbecher füllen und sofort mit dem Schneebesen die Gelatine unterrühren, bis sie sich vollständig aufgelöst hat. Die Gelatine der Kokosmilch-Mischung hinzufügen.

**4)** Die Flüssigkeit in eine sterile Rührschüssel gießen und abkühlen lassen.

**5)** Wenn die Flüssigkeit auf ungefähr 33 °C abgekühlt ist, die probiotischen Kulturen hinzufügen und mit einem sterilen Quirl sehr gut unterrühren.

**6)** Die Mischung in eine sterile, gläserne Backform (20 cm x 20 cm) mit Deckel füllen.

**7)** Die Form zwischen zwei Geschirrtüchern auf ein Heizkissen stellen. (Heizkissen ohne Abschaltautomatik gibt es bei Amazon.com.) Die Hitze auf niedrige Stufe stellen und die Form 18 bis 24 Stunden auf dem Heizkissen stehen lassen. Alternativ kann auch ein Joghurtbereiter verwendet werden.
*Hinweis: Die Gelatine trennt sich im Laufe dieser Zeit von der Creme, aber das macht nichts.*

**8)** Sobald der gewünschte Joghurtgeschmack erreicht ist, die Mischung zusammen mit dem rohen Kakaopulver, den Datteln und der flüssigen Stevia in einen Mixer füllen und pürieren, bis eine cremige Masse entsteht.

**9)** Die Masse eine Stunde ins Gefrierfach oder in den Kühlschrank stellen, bis sie kalt ist.

**10)** Die Mischung in eine Eismaschine füllen und diese nach den Herstellerhinweisen einstellen.

**11)** Das Joghurteis direkt aus der Maschine essen oder weiter einfrieren, bis es fest genug ist, um schöne Eiskugeln zu formen. Das feste Eis vor dem Servieren ungefähr 20 Minuten Zimmertemperatur annehmen lassen, bis es die gewünschte Konsistenz hat.

**Ergibt 6 Portionen.**

Kekskrümel, Kaffee-Eis und Karamell sind eine wunderbare Kombination.
Ich habe diese Leckerei zubereitet, als meine Schwiegereltern zu Besuch kamen, und
sie waren begeistert! Lesen Sie sich zuerst durch, wie das Ganze zusammengesetzt
wird, bevor Sie mit der Zubereitung der einzelnen Schichten beginnen.

# *Kaffee*-EISKUCHEN

## GANACHE-SCHICHT

1 Rezept Ganache
   (Seite 80)

## ZUTATEN FÜR DAS KAFFEE-EIS

370 ml vollfette
   Kokosmilch aus der Dose

3/4 Tasse ungesüße
   Hanfmilch

1 EL Vanille-Extrakt

1/2 Tasse (ungefähr 8)
   weiche, entsteinte
   Medjool-Datteln

1/2 Tasse entkoffeinierte
   Bio-Kaffeebohnen

1 Tasse Wasser,
   fast kochend

## TROCKENE ZUTATEN
## FÜR DIE KEKSSCHICHT

1 1/2 Tassen (170 g)
   beliebige gemahlene
   Nüsse

1/4 Tasse (23 g)
   Kakaopulver

2 EL (12 g) geschrotete
   Chia-Samen

2 EL (20 g) Kokoszucker

1/4 TL Backnatron

1/8 TL Meersalz

## FLÜSSIGE ZUTATEN
## FÜR DIE KEKSSCHICHT

2 TL Wasser

2 EL Apfelmus ohne
   Zuckerzusatz

30 g Bitterschokolade,
   über einem Wasserbad
   geschmolzen

1/4 TL flüssige Vanille-
   Stevia

## ZUSAMMENSETZEN

1) Die Ganache zubereiten und beiseitestellen, sodass sie auf Zimmertemperatur abkühlen kann.
2) Eine Kastenform mit einem Bogen ungebleichtem Backpapier auslegen, der
   groß genug ist, das gesamte Innere der Form zu bedecken. Die Ecken entsprechend knicken und die Ränder umfalten, damit das Backpapier besser hält.
3) Die Zutaten für das Kaffee-Eis verrühren (bis Schritt 3). Während das Eis
   im Kühlschrank oder Gefrierfach gekühlt wird, die Ganache in die
   vorbereitete Kastenform füllen und ins Gefrierfach stellen.
4) Die Keksschicht vorbereiten.
5) Das Kaffee-Eis in der Eismaschine weiter vorbereiten. Dann das Eis
   in die Form füllen und auf der ausgekühlten Ganache verteilen.
   Oben ungefähr 2,5 cm Platz lassen für die abschließende Keksschicht.
   (Je nach Größe der Form bleibt eventuell etwas Eis übrig.)
6) Ungefähr die Hälfte der Keksmasse oben auf der Eisschicht verteilen und
   etwas festdrücken. Den Rest der Masse aufbewahren, um daraus Kekse
   zu backen oder sie zum Garnieren zu verwenden.
7) Den Eiskuchen über Nacht einfrieren.
8) Zum Servieren den gefrorenen Kuchen ungefähr 30 Minuten bei
   Zimmertemperatur stehen lassen. Den Kuchen vorsichtig durch
   Hochheben des Backpapiers aus der Form holen und vor dem Servieren
   weitere 30 Minuten auf der Servierplatte auftauen lassen.

## ZUBEREITUNG DES KAFFEE-EISES

1) In einem Mixer Kokosmilch, Hanfmilch, Vanille-Extrakt und Datteln pürieren,
   bis eine cremige Masse entsteht. Die Mischung im Mixer beiseitestellen.
2) Die Kaffeebohnen mahlen und in einen Kaffeebereiter füllen.
   Mit heißem Wasser bedecken und 10 Minuten stehen lassen.
3) Den Stempel des Kaffeebereiters herunterdrücken. Den Kaffee in den
   Mixer mit der Kokosmilchmischung gießen und noch einmal pürieren.
4) Die Mischung ungefähr 1 Stunde ins Gefrierfach stellen oder
   im Kühlschrank abkühlen lassen.
5) Die Mischung in die Eismaschine füllen und nach den Anweisungen
   des Herstellers verarbeiten.

## ZUBEREITUNG DER KEKSSCHICHT

1) In einer Rührschüssel die trockenen Zutaten mischen (gemahlene Nüsse,
   Kakaopulver, geschrotete Chia-Samen, Kokoszucker, Backnatron und Salz).
2) In einer separaten Rührschüssel die flüssigen Zutaten verrühren
   (Wasser, Apfelmus, Schokolade und flüssige Vanille-Stevia).
3) Die trockenen Zutaten zu den flüssigen Zutaten geben und mit einem
   elektrischen Handmixer verrühren.
4) Aus der restlichen Keksmasse Kekse formen. Bei 180 °C ungefähr
   12 Minuten backen.

Diese Eiscreme schmeckt einfach himmlisch. Niemand kann glauben, dass sie milchfrei und selbst gemacht ist.

# SALZKARAMELL-EIS MIT *Schokostückchen*

370 ml vollfette Kokosmilch aus der Dose

1/2 Tasse (ungefähr 8) weiche, entsteinte Medjool-Datteln

1 1/4 Tassen ungesüße Hanfmilch

1 EL Vanille-Extrakt

60 g Bitterschokolade, zerkleinert, oder 45 g Kakaonibs

1/2 Rezept Salzkaramell (Seite 178), ungefähr auf Zimmertemperatur

(Hinweis: Bereiten Sie die ganze im Rezept angegebene Menge zu, doch verwenden Sie lediglich die Hälfte für dieses Eis)

1) Eine rechteckige Glasform mit Deckel (Fassungsvermögen: 6 Tassen) ins Gefrierfach stellen. Auf diese Weise gefriert die Eiscreme schneller, wenn sie in die gekühlte Form gefüllt wird.

2) In einem Mixer Kokosmilch und Datteln pürieren, bis eine cremige Masse entsteht.

3) Hanfmilch und Vanille-Extrakt hinzufügen und noch einmal pürieren.

4) Die Mischung ungefähr 1 Stunde gefrieren oder in den Kühlschrank stellen, bis sie ganz kalt ist.

5) Die Mischung in die Eismaschine füllen und nach den Anweisungen des Herstellers verarbeiten.

6) Wenn die Mischung die Konsistenz von Softeis erreicht, die zerkleinerte Schokolade hinzufügen.

7) Den Salzkaramell bereithalten (ungefähr auf Zimmertemperatur).

8) Die Hälfte der Eiscreme in die gekühlte Form füllen und den Karamell über das Eis gießen. Den Rest des Eises darüberlöffeln und die Form wieder ins Gefrierfach stellen.

9) Wenn das Eis ganz fest geworden ist, bei Zimmertemperatur ungefähr 15 Minuten antauen lassen, bis es die gewünschte Konsistenz hat.

**Ergibt 6 Portionen.**

Ein Parfait wird in der Regel nicht ganz so kalt gegessen wie Eis. Das Eigelb verleiht dieser Leckerei eine besonders cremige Konsistenz – ein wahrer Genuss!

# CREMIGES *Schokoladen*-PARFAIT

750 ml vollfette Kokosmilch aus der Dose

1/2 Tasse (ungefähr 8) weiche, entsteinte Medjool-Datteln

6 Eigelb

1/2 Tasse (80 g) rohes Kakaopulver

1 EL Vanille-Extrakt

1/8-1/4 TL flüssige Vanille-Stevia nach Geschmack

1) In einem Mixer Kokosmilch und Datteln pürieren, bis eine cremige Masse entsteht.

2) Eigelb, rohes Kakaopulver, Vanille-Extrakt und flüssige Vanille-Stevia hinzufügen und noch einmal pürieren.

3) Die Mischung ungefähr 1 Stunde gefrieren oder in den Kühlschrank stellen, bis sie ganz kalt ist.

4) Die Mischung in die Eismaschine füllen und nach den Anweisungen des Herstellers verarbeiten.

5) Das Schokoladen-Parfait sofort essen oder einfrieren, bis es fest genug ist, um schöne Kugeln daraus zu formen. Wenn es zu fest ist, auf Zimmertemperatur antauen lassen, bis es die gewünschte Konsistenz erreicht.

**Ergibt 6 Portionen.**

Dieses Eis ist cremig, gehaltvoll und hat eine zart schmelzende Konsistenz.
Es sieht toll aus, wenn es bei Partys in durchsichtigen Martini-Gläsern serviert wird,
aber natürlich können Sie es auch einfach ohne besonderen Anlass unter der Woche
auf dem Sofa sitzend löffeln.

# SAMTIGES Schokoladen-Eis

370 ml vollfette
Kokosmilch aus der Dose

10 große, weiche,
entsteinte Medjool-
Datteln

1/4 Tasse Hanfsamen

1 Tasse Wasser

1/3 Tasse (28 g)
rohes Kakaopulver

1 EL Vanille-Extrakt

**1)** Kokosmilch, Datteln und Hanfsamen in einen Mixer füllen.
(Ein Gerät der Firma Blendtec oder Vitamix funktioniert am besten.
Bei anderen Mixern kann es nötig sein, stattdessen für diesen Schritt
eine Küchenmaschine zu verwenden.) Pürieren, bis eine cremige Masse
entsteht.

**2)** Wasser, rohes Kakaopulver und Vanille-Extrakt hinzufügen.
Pürieren, bis eine cremige Masse entsteht.

**3)** In eine Form füllen, abdecken und sofort ins Gefrierfach stellen,
wenn die Masse vom Pürieren noch etwas luftig ist.

**4)** Zum Servieren bei Zimmertemperatur stehen lassen,
bis das Eis die gewünschte Konsistenz erreicht hat.
Mit einem Eisportionierer Kugeln formen.

**Ergibt ungefähr 6 Portionen.**

*Wie Ricky Martin singt: „Shake Your Bon-Bon, Shake Your Bon-Bon!"*

# MINZE-KONFEKT MIT Schokoladen-Überzug

## ZUTATEN FÜR DIE FÜLLUNG

2 Tassen Kokosschlagsahne (Seite 116)

2 EL Honig

3/4 TL „Frontier organic spearmint flavor" (Bio-Aroma „Grüne Minze") (Sie brauchen weniger, wenn Sie normalen Pfefferminz-Extrakt verwenden. Dies ist das einzige „Grüne Minze"-Aroma, das ich gefunden habe.)

1/8 TL flüssige Vanille-Stevia

Einige Tropfen gelbe und blaue natürliche Lebensmittelfarbe von India Tree (optional)

## ZUTATEN FÜR DEN ÜBERZUG

255 g selbst gemachte* Bitterschokolade

*Sie können auch fertig gekaufte Schokolade verwenden, doch dann ist der Überzug deutlich härter und enthält viel mehr Zucker. Sie benötigen mindestens 2,5 bis 5 cm geschmolzene Schokolade in Ihrem Gefäß, damit Sie das Konfekt ganz hineintauchen können.

1) In einer kleinen Schüssel mit einem elektrischen Handrührgerät Kokosschlagsahne, Honig, Minze-Aroma, flüssige Vanille-Stevia und (gegebenenfalls) Lebensmittelfarbe verrühren.
2) Diese Füllung in eine Ecke eines großen Frischhaltebeutels füllen und die Spitze ungefähr 6 mm breit abschneiden.
3) Die Luft aus dem Beutel drücken und die Füllung in eine Pralinenform (für rundes Konfekt) spritzen. Gefrieren, bis die Masse hart ist.
4) Die Kugeln aus der Form holen und ins Gefrierfach legen. Möglicherweise sehen sie nicht ganz perfekt aus, aber das ist kein Problem: Mit dem Schokoladen-Überzug werden sie dann hervorragend aussehen.
5) Die selbst gemachte Schokolade über einem Wasserbad schmelzen.
6) Die Schokolade sofort in ein schmales Glas oder eine Schale gießen. (Ich verwende ein kleines Einmachglas.) Auf Zimmertemperatur abkühlen lassen.
7) Ein Stück ungebleichtes Backpapier auf ein Backblech legen. Darauf trocknet später das Konfekt, nachdem es mit Schokolade überzogen worden ist.
8) Ungefähr 5 gefrorene Kugeln auf einmal herausholen, den Rest im Gefrierfach lassen, damit sie nicht auftauen, während die anderen Kugeln überzogen werden.
9) Einen Zahnstocher schräg in den unteren Teil einer Kugel stecken, um sie in die geschmolzene Schokolade zu tauchen.
10) Den Überzug trocknen lassen, dabei den Zahnstocher zwischen den Fingern drehen. (Das Trocknen dauert lediglich einige wenige Sekunden.)
11) Die Kugel ein zweites Mal eintunken und wieder auf dem Zahnstocher trocknen lassen.
12) Die Konfektkugel vorsichtig vom Zahnstocher lösen: Dabei die Kugel leicht gegen das Backpapier drücken und gleichzeitig mit dem Zeigefinger die Kugel vom Zahnstocher schieben (siehe Abbildung).
13) Das Konfekt im Gefrierfach aufbewahren und vor dem Servieren ungefähr 20 Minuten bei Zimmertemperatur antauen lassen.

**Ergibt 35 große Konfektkugeln (bei Verwendung der Pralinenform „Medium Truffle Mold" von „Truffly Made").**

Diese Sonnenblumenkern-Eisbissen haben eine zart schmelzende Konsistenz, die eher an Pralinen als an Eis erinnert. Dafür sorgen die Sonnenblumenkern-Butter und der Honig.

# Sonnenblumenkern-EISBISSEN

## ZUTATEN
## FÜR DIE SCHICHTEN 1 UND 3

85 g Bitterschokolade, über einem Wasserbad geschmolzen

1 Tasse Wasser

1/2 Tasse Sonnenblumenkern-Butter ohne Zuckerzusatz

1/4 Tasse Chia-Samen

1/4 Tasse Honig

1 EL rohes Kakaopulver

## ZUTATEN FÜR DIE SCHICHT 2

1/2 Tasse Sonnenblumenkern-Butter ohne Zuckerzusatz

1/4 Tasse Honig

1 EL Wasser

1/8 TL Meersalz

45 g Schokoladen-Raspeln

**1)** Eine Kastenform mit einem Stück ungebleichtem Backpapier auslegen, das groß genug ist, um den Boden und alle Seiten zu bedecken. Die Ecken entsprechend knicken und die Ränder umfalten, damit das Backpapier besser hält.

**2)** In einem Mixer die Zutaten für die Schichten 1 und 3 pürieren (geschmolzene Schokolade, Wasser, Sonnenblumenkern-Butter, Chia-Samen, Honig und rohes Kakaopulver).

**3)** Etwas mehr als die Hälfte der Mischung in die vorbereitete Kastenform füllen. Den Rest im Mixer beiseitestellen.

**4)** Über einem Wasserbad – außer den Schokoladen-Raspeln – alle Zutaten für Schicht 2 erhitzen (Sonnenblumenkern-Butter, Honig, Wasser und Salz).

**5)** Die Mischung für die zweite Schicht auf Schicht 1 gießen und gleichmäßig verstreichen. Nun die Schokoladen-Raspeln darüberstreuen. Die Wärme von Schicht 2 soll die Schokoladen-Raspeln leicht zum Schmelzen bringen.

**6)** Dann den Rest der Mischung aus dem Mixer als oberste Schicht gleichmäßig darüber verteilen.

**7)** 8 Eisstiele hineinstecken, ganz nach unten drücken. Die Form über Nacht ins Gefrierfach stellen.

**8)** Vor dem Servieren die Form aus dem Gefrierfach holen und ungefähr 20 Minuten bei Zimmertemperatur antauen lassen. Mithilfe des Backpapiers den Eiskuchen aus der Form heben. Mit einem angewärmten Küchenmesser rund um die Eisstiele in 8 Stücke schneiden.

**9)** Reste in Backpapier eingewickelt und in einen Frischhaltebeutel gepackt im Gefrierfach aufbewahren.

**Ergibt 8 Portionen.**

# Getränke

**EISKAFFEE** 158
OHNE EI

**DEKADENTER SCHOKO-CHIA-SHAKE** 160
OHNE EI

**WELTBESTE TRINKSCHOKOLADE** 162
OHNE EI

**HIMBEER-SMOOTHIE MIT WEISSER SCHOKOLADE** 164
OHNE EI

**AZTEKISCHE TRINKSCHOKOLADE** 166
OHNE EI

**MANDEL-BANANEN-KAKAO-SMOOTHIE** 168
OHNE EI

In Colorado haben wir das Glück, in den Cafés auch Kokos-, Mandel- und Hanfmilch zu bekommen. Doch Sie können auch zu Hause ganz einfach gesündere Kaffeegetränke ohne Milchprodukte herstellen. Wie auch bei der Schokolade, ist es wichtig, Kaffee aus fairem Handel zu kaufen, um sicherzustellen, dass die Menschen, die ihn produzieren, auch nach ethisch einwandfreien Maßstäben behandelt wurden.

1/4 Tasse Bio-Kaffeebohnen aus fairem Handel

1 1/2 Tassen Wasser

1 Tasse vollfette Kokosmilch oder andere Nussmilch*

1 EL rohes Kakaopulver

1 EL Honig

15 Tropfen flüssige Vanille-Stevia

*Sie werden mehr Milch brauchen, wenn Sie keinen Mixer von Blendtec oder Vitamix verwenden.

1) Die Kaffeebohnen mahlen und in einen Kaffeebereiter füllen.
2) 1 1/2 Tassen fast kochendes Wasser über den gemahlenen Kaffee gießen und 10 Minuten stehen lassen. Dann den Stempel des Kaffeebereiters herunterdrücken.
3) Den Kaffee in eine Eiswürfelform ohne Bisphenol A gießen und ins Gefrierfach stellen, bis er gefroren ist.
4) In einem Mixer die gefrorenen Kaffeewürfel, die Milch, das rohe Kakaopulver, den Honig und die flüssige Vanille-Stevia pürieren, bis eine ganz cremige Mischung entstanden ist.
5) Gleichmäßig auf 2 Gläser aufteilen und servieren.

**Ergibt 2 Portionen.**

Meine Tester fühlen sich durch dieses Rezept an die Schokoladen-Milchmixgetränke erinnert, die sie früher im Fast-Food-Restaurant bestellt haben.

# DEKADENTER Schoko-Chia-SHAKE

1 Tasse vollfette
Kokosmilch aus der Dose

6 Eiswürfel

2 EL Chia-Samen
(In einer Kaffeemühle
mahlen, falls kein Mixer
von Blendtec oder
Vitamix vorhanden ist.
Andernfalls wird
das Mixgetränk eher
klumpig als dickflüssig
und cremig.)

1 EL rohes Kakaopulver

1 EL Honig

10 Tropfen flüssige
Vanille-Stevia (oder
mehr nach Geschmack)

**1)** In einem Mixer Kokosmilch, Eiswürfel, Chia-Samen, rohes Kakaopulver, Honig und flüssige Vanille-Stevia pürieren, bis eine cremige Masse entsteht.

**2)** In 1 oder 2 Gläser gießen und servieren.

**Ergibt 1 große oder 2 kleine Portionen.**

Jedes Mal, wenn ich meine Blog-Leser fragte, auf welches Schokoladen-Rezept sie überhaupt nicht verzichten könnten, antwortete mindestens einer von ihnen: Trinkschokolade. Ich denke, mit heißer Schokolade verhält es sich wie mit Mutters Hühnersuppe: Beides verleiht ein äußerst wohliges Gefühl. Wenn Sie selbst gemachte Bitterschokolade (Seite 172) verwenden, wird Ihnen dieses Rezept die beste Schokomilch verschaffen, die Sie jemals getrunken haben.

# WELTBESTE *Trinkschokolade*

4 große, weiche, entsteinte Medjool-Datteln

85 g Bitterschokolade*, geschmolzen

1 Tasse vollfette Kokosmilch aus der Dose

1 Vanilleschote, der Länge nach aufgeschnitten und Mark herausgekratzt, oder 4 übrig gebliebene Vanilleschotenschalen

1 1/4 Tassen ungesüßte Mandelmilch

*Verwenden Sie selbst gemachte Bitterschokolade (Seite 172) zur Herstellung dieser Trinkschokolade. Wenn Sie diese heiß servieren möchten, können Sie entweder selbst gemachte oder fertig gekaufte Bitterschokolade verwenden. Meine Familie bevorzugt auch hierfür selbst gemachte Schokolade, aber mit einem fertig gekauften Produkt wird die heiße Trinkschokolade dicker.

## VARIANTE 1 (VERWENDUNG VON VANILLEMARK)

1) In einem Mixer Datteln, geschmolzene Schokolade, Kokosmilch und Vanillemark pürieren, bis eine ganz cremige Mischung entstanden ist. Die Mischung im Mixer lassen.

2) Die Mandelmilch zur Schokoladen-Mischung hinzufügen und im Mixer noch einmal pürieren, bis eine cremige Masse entsteht.

3) Je nach Wunsch gekühlt oder heiß servieren.

## VARIANTE 2
## (VERWENDUNG VON ÜBRIG GEBLIEBENEN VANILLESCHOTENSCHALEN)

1) In einem Mixer Datteln, geschmolzene Schokolade und Kokosmilch pürieren, bis eine ganz cremige Mischung entstanden ist. Die Mischung im Mixer lassen.

2) Die Mandelmilch mit den übrig gebliebenen Vanilleschotenschalen in einem kleinen Kochtopf zum Kochen bringen. Auf kleinere Stufe zurückschalten und 5 Minuten abgedeckt köcheln lassen, wobei der Deckel leicht schräg auf den Topf gesetzt wird. (Durch diesen Schritt nimmt die Mandelmilch den Vanillegeschmack an.) Aufpassen, dass die Milch nicht überkocht. Die Vanilleschotenschalen aus dem Kochtopf entfernen.

3) Die Mandelmilch zur Schokolademischung gießen und im Mixer pürieren, bis eine cremige Masse entsteht.

4) Je nach Wunsch gekühlt oder heiß servieren. (Auf dem Foto zusammen mit Schoko-Haselnuss-Keksen abgebildet, Rezept Seite 92.)

**Ergibt 2 große oder 4 kleine Portionen.**

162 Getränke

Für diesen hübschen Smoothie wird eine überraschende Zutat verwendet: Kakaobutter.
Meiner Ansicht nach passt sie hervorragend zu der leuchtenden Farbe der Himbeeren.

# HIMBEER-SMOOTHIE MIT *weißer Schokolade*

30 g Kakaobutter

1 gehäufte Tasse (140 g)
  gefrorene Himbeeren

1 Tasse ungesüßte Mandel-
  oder vollfette Kokos-
  milch aus der Dose
  (Ich verwende gern
  1/2 Tasse pro Person)

Saft einer halben Zitrone

1 EL Chia-Samen

1 EL Honig

1 EL Proteinpulver aus
  Hühnereiweiß (optional)

**1)** Über einem Wasserbad die Kakaobutter erhitzen, bis sie geschmolzen ist. Von der Herdplatte nehmen.

**2)** Himbeeren, Milch, Zitronensaft, Chia-Samen, Honig und (gegebenenfalls) Eiweißpulver in einen Mixer füllen. Zum Schluss die geschmolzene Kakaobutter hinzufügen, dann sofort pürieren, bis eine cremige Masse entsteht.

**Ergibt 1 großen oder 2 kleine Smoothies.**

164   *Getränke*

Die Chilischoten verleihen diesem Heißgetränk Süße und seine schöne, leuchtende Farbe. Meine Aztekische Trinkschokolade weist zwei Schichten auf und wird mit einem Löffel zum Umrühren serviert.

# AZTEKISCHE *Trinkschokolade*

1 Tasse vollfette Kokosmilch aus der Dose

1 Tasse ungesüßte Mandelmilch

1/4 Tasse Honig

1/8 TL gemahlener Cayennepfeffer

1 Vanilleschote, der Länge nach aufgeschnitten und Mark herausgekratzt, oder 4 übrig gebliebene Vanilleschotenschalen

2 getrocknete Anaheim-Chilischoten

85 g Bitterschokolade, über einem Wasserbad geschmolzen

### ZUM GARNIEREN

Schokoladen-Raspeln (optional)

## VARIANTE 1 (VERWENDUNG VON VANILLEMARK)

1) In einen Mixer Kokosmilch, Mandelmilch, Honig, Cayennepfeffer und Vanillemark füllen.Beiseitestellen.
2) Die Samen aus den Chilischoten entfernen. Den Rest der Schoten in einem kleinen Mixer oder einer Kaffeemühle mahlen.
3) Die gemahlenen Chilis der Milchmischung im Mixer hinzufügen und pürieren.
4) Die Mischung in einen kleinen Kochtopf füllen und bei kleiner Flamme zum Köcheln bringen. Beiseitestellen.
5) Die geschmolzene Schokolade in die Gläser füllen, dann die heiße Milchmischung darübergießen, sodass zwei Schichten entstehen. Falls gewünscht, mit Schokoladen-Raspeln garnieren.
6) Nach dem Präsentieren einen Löffel zum Umrühren der Trinkschokolade reichen.

## VARIANTE 2
### (VERWENDUNG VON ÜBRIG GEBLIEBENEN VANILLSCHOTENSCHALEN)

1) In einen Mixer Kokosmilch, Mandelmilch, Honig und Cayennepfeffer füllen. Beiseitestellen.
2) Die Samen aus den Chilischoten entfernen. Den Rest der Schoten in einem kleinen Mixer oder einer Kaffeemühle mahlen.
3) Die gemahlenen Chilis der Milchmischung im Mixer hinzufügen und pürieren.
4) Die Mischung in einen kleinen Kochtopf füllen und die übrig gebliebenen Vanilleschotenschalen hinzufügen.
5) Zum Kochen bringen, auf kleinere Stufe zurückschalten und 5 Minuten abgedeckt köcheln lassen, wobei der Deckel leicht schräg auf den Topf gesetzt wird. (Durch diesen Schritt nimmt die Mandelmilch den Vanillegeschmack an.) Die Vanilleschotenschalen aus dem Kochtopf entfernen.
6) Die geschmolzene Schokolade in die Gläser füllen, dann die heiße Milchmischung darübergießen, sodass zwei Schichten entstehen. Falls gewünscht, mit Schokoladen-Raspeln garnieren.
7) Nach dem Präsentieren einen Löffel zum Umrühren der Trinkschokolade reichen.

**Ergibt 2 Portionen.**

Getränke

In diesem Getränk dient die Banane eher dem Eindicken als dem Geschmack. Wenn Sie ein stärkeres Bananenaroma bevorzugen, sollten Sie die ganze Banane verwenden. Dieser Smoothie schmeckt auch ganz köstlich, wenn Sie das Mandelmus durch ungesüßte Sonnenblumenkern-Butter ersetzen – sein Geschmack erinnert dann ein wenig an Erdnussbutter.

# MANDEL-BANANEN-*Kakao-Smoothie*

370 ml vollfette Kokosmilch aus der Dose, gekühlt

1/2 Banane, gekühlt

4 Eiswürfel

2 EL rohes Mandelmus

1-2 EL rohes Kakaopulver nach Geschmack

1 TL Honig

5 Tropfen flüssige Vanille-Stevia

Prise Meersalz

1) In einem Mixer alle Zutaten pürieren (Kokosmilch, Banane, Eiswürfel, Mandelmus, rohes Kakaopulver, Honig, flüssige Vanille-Stevia und Salz), bis eine ganz cremige Mischung entstanden ist.

2) In 1 oder 2 Gläser gießen und servieren.

**Ergibt 1 großen oder 2 kleine Smoothies.**

# Kleine Köstlichkeiten

**SELBST GEMACHTE BITTERSCHOKOLADE** 172
OHNE EI

**SELBST GEMACHTE WEISSE SCHOKOLADE** 174
OHNE EI

**SCHOKO-KARAMELL-ÄPFEL MIT MANDELBLÄTTCHEN** 176
OHNE EI

**SALZKARAMELL** 178
OHNE EI

**SCHOKO-SALZKARAMELL IM SCHINKENMANTEL** 178
OHNE EI

**MANDEL-KOKOS-KONFEKT** 180
OHNE EI

**SCHOKOLADEN-KARAMELLEN** 182
OHNE EI

**WEISSE SCHOKOLADEN-KARAMELLEN** 184
OHNE EI

**ZWEIERLEI KIRSCH-PRALINEN** 186
OHNE EI

**FRUCHTIGE NUSS-RIEGEL MIT SCHOKOÜBERZUG** 188
OHNE EI

**SONNENBLUMENKERN-PRALINEN** 190
OHNE EI

**PRALINEN MIT WEISSER SCHOKOLADE UND SCHINKENSPECK** 192
OHNE EI

**SCHOKOLADEN-TRÜFFEL** 194
OHNE EI

**MOKKA-TRÜFFEL** 194
OHNE EI

**ERDBEER-TRÜFFEL** 196
OHNE EI

**MATCHA-TRÜFFEL** 196
OHNE EI

**DATTELN IM SCHINKENMANTEL MIT MANDEL-SCHOKO-FÜLLUNG** 198
OHNE EI

**PISTAZIEN-DATTEL-PRALINEN** 200
OHNE EI

Diese Schokoladetafeln sind nicht nur leicht herzustellen, gesund und unglaublich lecker, sondern bringen es auf dem glykämischen Index auch auf einen niedrigen Wert. Sie werden mit einer kleinen Menge Kokoszucker und Stevia gesüßt, sodass sie Ihren Blutzuckerspiegel nicht so ansteigen lassen, wie herkömmliche Fertignaschereien es tun. Sofern nicht angegeben ist, dass fertig gekaufte Schokolade verwendet werden soll, können Sie diese Tafel auch als Zutat für meine Rezepte nutzen.

# SELBST GEMACHTE *Bitterschokolade*

1/2 Tasse (85 g) Kakaobutter

1 Vanilleschote, der Länge nach aufgeschnitten und Mark herausgekratzt

1 EL + 2 TL (28 g) geschmolzenes Kokosfett oder Kokoscreme-Konzentrat

2/3 Tasse (57 g) Kakao/ rohes Kakaopulver*

1/4 Tasse (39 g) Kokoszucker

10 Tropfen flüssige Vanille-Stevia, oder nach Geschmack (je mehr verwendet wird, desto weicher werden die Schokoladetafeln)

*Wenn Sie Ihre Schokoladetafeln pur naschen oder nur leicht erhitzen wollen, sollten Sie rohes Kakaopulver verwenden.

1) Alle Schüsseln, Löffel und anderen Utensilien, die zur Schokoladenherstellung verwendet werden, müssen vollkommen trocken sein, da die Schokolade sich sonst nicht verbindet!

2) Eine Rührschüssel auf einen Topf mit leicht köchelndem Wasser stellen. Der Boden der Schüssel sollte sich einige Zentimeter über dem Wasserspiegel befinden.

3) Die Kakaobutter in die Schüssel füllen. Sobald sie geschmolzen ist, die Schüssel vom Herd nehmen.

4) Vanille, Kokosfett oder Kokoscreme-Konzentrat und Kakao beziehungsweise rohes Kakaopulver hinzufügen. Gut verrühren und die Schüssel beiseitestellen.

5) Kokoszucker in einer Kaffeemühle oder einem kleinen Mixer zu Pulver mahlen.

6) Den pulverisierten Kokoszucker unter die restlichen Zutaten rühren. Die Masse muss nicht besonders gut verrührt sein.

7) In einem kleinen Mixer die klumpige Mischung 1 Minute pürieren. (Es kann auch eine Küchenmaschine oder ein Stabmixer verwendet werden, aber mit einem kleinen Mixer funktioniert es bei einfacher Rezeptmenge am besten.)

8) Die flüssige Vanille-Stevia in einzelnen Tropfen hinzufügen, bis die Schokolade den gewünschten Süßegrad erreicht. Achtung: Die Löffel zum Probieren müssen trocken sein!

9) Eine gläserne Form (20 cm x 15 cm x 5 cm, 6 Tassen) mit einem Stück ungebleichten Backpapier auslegen, das groß genug ist, um Boden und Ränder zu bedecken. Die Ecken umknicken, damit das Backpapier nicht verrutscht. Falls gewünscht, kann stattdessen auch eine Pralinenform verwendet werden.

10) Die Schokolade in die mit Backpapier ausgelegte Form gießen und auf Zimmertemperatur abkühlen lassen.

11) Die Schokolade in den Kühlschrank legen, bis sie vollständig fest geworden ist. Bis zur Verwendung im Kühlschrank in einem Glasbehälter mit Deckel aufbewahren.

**Ergibt 1 Tafel, ungefähr 200 g.**

Es ist gar nicht so einfach, ohne raffinierten Puderzucker oder Milchpulver weiße Schokolade herzustellen. Ich habe drei Ersatzmöglichkeiten für raffinierten Zucker und Milchpulver gefunden.

# SELBST GEMACHTE *weiße Schokolade*

1/2 Tasse (85 g) geschmolzene Kakao-butter

1 EL + 2 TL (28 g) geschmolzenes Kokos-fett oder Kokoscreme-Konzentrat

3 EL 100 % Protein-pulver aus Hühner-eiweiß oder 3 EL Kokosmehl oder 3 EL pulverisierter Kokoszucker

1 Vanilleschote, der Länge nach aufgeschnitten und Mark herausgekratzt

20 Tropfen flüssige Vanille-Stevia, oder nach Geschmack (optional)

**Proteinpulver aus Hühnereiweiß:** Das ist eine tolle Alternative, da das Proteinpulver auch dafür sorgt, dass die Schokolade weiß bleibt. Zum Süßen bis zu 20 Tropfen flüssige Vanille-Stevia verwenden.

**Kokosmehl:** Wenn Sie kein Proteinpulver aus Hühnereiweiß verwenden können, funktioniert es auch mit Kokosmehl. Das einzige Problem besteht darin, dass die Schokolade dadurch eine körnige Konsistenz bekommt. Falls Sie die weiße Schokolade dazu verwenden, Kuchen zu glasieren oder Kekse zu dekorieren, wird Ihnen das aber möglicherweise gar nicht auffallen. (Keiner unserer Tester hat es bemerkt.) Wenn Sie weiße Schokolade pur essen möchten, sollten Sie stattdessen pulverisierten Kokoszucker verwenden. Süßen Sie Ihre Kokosmehl-Tafeln mit bis zu 20 Tropfen flüssiger Vanille-Stevia.

**Pulverisierter Kokoszucker:** Mahlen Sie Kokoszucker in einem trocknen, kleinen Mixer oder einer Kaffeemühle zu Pulver. Diese Schokolade schmeckt herrlich und ist koffeinfrei, aber nicht weiß. Lassen Sie bei dieser Variante die Stevia weg.

1) Alle Schüsseln, Löffel und anderen Utensilien, die zur Schokoladenherstellung verwendet werden, müssen vollkommen trocken sein, da die Schokolade sich sonst nicht verbindet!

2) Eine Rührschüssel auf einen Topf mit leicht köchelndem Wasser stellen. Der Boden der Schüssel sollte sich einige Zentimeter über dem Wasserspiegel befinden.

3) Die Kakaobutter in die Schüssel füllen. Sobald sie geschmolzen ist, die Schüssel vom Herd nehmen.

4) In einem kleinen Mixer Kokosfett oder Kokoscreme-Konzentrat, Proteinpulver (beziehungsweise Kokosmehl oder Kokoszucker) und Vanille 1 Minute pürieren. (Mit einem kleinen Mixer funktioniert es bei einfacher Rezeptmenge am besten.)

5) Die flüssige Vanille-Stevia in einzelnen Tropfen hinzufügen, bis die Schoko-lade den gewünschten Süßegrad erreicht. Achtung: Die Löffel zum Probieren müssen trocken sein!

6) Eine gläserne Form (20 cm x 15 cm x 5 cm, 6 Tassen) mit einem Stück unge-bleichten Backpapier auslegen, das groß genug ist, um Boden und Ränder zu bedecken. Die Ecken umknicken, damit das Backpapier nicht verrutscht. Falls gewünscht, kann stattdessen auch eine Pralinenform* verwendet werden.

7) Die Schokolade in die mit Backpapier ausgelegte Form gießen und einfrieren, bis die Schokolade fest wird.

8) Bis zur Verwendung in einem Glasbehälter mit Deckel im Kühlschrank aufbewahren. *Bei Verwendung einer Pralinenform: Die Form ins Gefrierfach stellen und die weiße Schokolade anderthalb Stunden auf Zimmertemperatur abkühlen lassen. Gut umrühren, dann in die kalte Form gießen. Sofort einfrieren, damit die Schokolade schnell fest wird und sich Vanille oder Kokoszucker nicht absetzen.

**Ergibt 1 Tafel, ungefähr 140 g.**

*Kleine Köstlichkeiten*

Diese Leckerei lässt mich von einer Heuwagenfahrt und Kürbisfeldern träumen!

# Schoko-Karamell-ÄPFEL MIT MANDELBLÄTTCHEN

## AUSRÜSTUNG

Eisstiele

3 Schalen (für Schokolade, Karamell und Mandel-blättchen)

2 leere Eierkartons

## ZUTATEN

4 Äpfel

170 g fertig gekaufte Bitterschokolade

Mandelblättchen

1 Rezept Salzkaramell (Seite 178)

1) Oben in jeden Apfel einen Eisstiel stecken. Die Äpfel über Nacht im Kühlschrank aufbewahren.

2) In jeden der geschlossenen Eierkartons oben 6 mm lange Schlitze machen, die jeweils mindestens 10 cm Abstand voneinander haben.
(Darin können die Äpfel verkehrt herum steckend trocknen.)

3) Die Schokolade über einem Wasserbad schmelzen. Die geschmolzene Schokolade vorsichtig in eine der Schalen gießen.

4) Die kalten Äpfel einzeln nacheinander in die Schokolade tauchen und dabei drehen. Dann den Apfel über der Schale halten und drehen, bis die Schokolade zu trocknen beginnt.

5) Den Eisstiel des Apfels in einen der Schlitze im Eierkarton stecken. Den Apfel verkehrt herum stehend vollständig trocknen lassen.

6) Mit den anderen 3 Äpfeln auf dieselbe Weise verfahren.

7) Eine weitere Schale mit Mandelblättchen füllen. Beiseitestellen.

8) Wie am Ende des Rezepts für Salzkaramell auf Seite 178 angegeben, den Karamell erhitzen.
*Hinweis: Der Karamell sollte recht dick und kühl sein, wie auf dem Foto zu sehen. Wenn er zu dünn und zu heiß ist, läuft er am Apfel herunter und nimmt dabei die Schokolade mit.*

9) Einen mit Schokolade überzogenen Apfel in den Karamell tauchen und drehen. Der Karamell kann auch mithilfe eines Buttermessers auf den Apfel gestrichen werden. Für jeden Apfel wird lediglich eine kleine Menge Karamell benötigt.

10) Den überzogenen Apfel in die Mandelblättchen tauchen.

11) Den Eisstiel des Apfels in einen der Schlitze im Eierkarton stecken. Den Apfel verkehrt herum stehend vollständig trocknen lassen.

12) Mit den anderen 3 Äpfeln auf dieselbe Weise verfahren.

**Ergibt ungefähr 4 Schoko-Karamell-Äpfel.**

Damit dieser Karamell gut wird, müssen Sie ihn aufmerksam im Auge behalten und Geduld haben. Die Zutaten und die Zubereitung könnten einfacher nicht sein. Abgedeckt bei Zimmertemperatur aufbewahren.

# Salzkaramell

1 Tasse vollfette
Kokosmilch aus der Dose

1 Tasse (156 g)
Kokoszucker

1/4 TL Meersalz

1) Kokosmilch, Kokoszucker und Salz in einen Topf (ungefähr 18 cm breit x 7,5 cm tief) mit schwerem Boden füllen.

2) Die Zutaten verquirlen und erhitzen. Die Mischung zum Kochen bringen und darauf achten, dass sie nicht überkocht.
Bei mittlerer Stufe 15 Minuten kochen.

3) Auf kleinere Stufe zurückschalten und 5 Minuten köcheln lassen. Dabei darauf achten, dass nichts anbrennt. Falls die Mischung anzubrennen beginnt, werden die Ränder trocken und schwarz.

4) Den Topf mit Topflappen vom Herd nehmen, den Karamell in eine kleine Schale gießen und gelegentlich umrühren, bis er auf Zimmertemperatur abgekühlt ist. Den Topf noch nicht ausspülen, da er eventuell noch gebraucht wird.

5) Falls der Karamell nicht dick ist (sirupartig), wenn er Zimmertemperatur erreicht (nach ungefähr 20 Minuten), zurück in den Topf gießen und auf möglichst niedriger Stufe weitere 3 bis 5 Minuten köcheln lassen.

6) Den Topf mit Topflappen vom Herd nehmen, den Karamell wieder in die kleine Schale gießen und gelegentlich umrühren, bis er auf Zimmertemperatur abgekühlt ist. Abgedeckt bei Zimmertemperatur aufbewahren.

7) Zum Erwärmen von Karamellresten (zum Beispiel, um Äpfel hineinzutunken oder den Karamell über Eis zu gießen) die Schale mit dem Karamell in eine größere Schüssel mit sehr heißem Wasser stellen und abgedeckt 15 Minuten stehen lassen. Gegebenenfalls heißes Wasser nachgießen und weitere Minuten warten.

**Ergibt ungefähr 1 Tasse.**

# Schoko-SALZKARAMELL IM SCHINKENMANTEL

1/2 Rezept Salzkaramell
(siehe oben)*

170 g Bitterschokolade

4 Streifen knuspriger,
gebratener Schinken-
speck

*Stellen Sie das ganze Rezept
Salzkaramell her, aber versehen
Sie lediglich die Hälfte mit einem
Schinkenmantel

1) Den Salzkaramell herstellen und fast auf Zimmertemperatur abkühlen lassen.

2) Eine Form (20 cm x 20 cm) mit einem Stück ungebleichten Backpapier aus legen, das groß genug ist, um Boden und Ränder zu bedecken. Beiseitestellen.

3) Über einem Wasserbad die Schokolade schmelzen und in die vorbereitete Form gießen.

4) Die Schokolade auf Zimmertemperatur abkühlen lassen.
Dann ins Gefrierfach stellen und fest werden lassen.

5) Den Karamell über die Schokolade träufeln und knusprigen, zerkrümelten Schinkenspeck darüberstreuen.

6) Einfrieren, bis die Schokolade fest genug ist, dass sie sich in Stücke brechen lässt. Im Gefrierfach oder im Kühlschrank aufbewahren.

**Ergibt 8 Portionen.**

Kleine Köstlichkeiten

Inspiriert ist das Mandel-Kokos-Konfekt von einer bestimmten, sehr bekannten Süßigkeit. Doch dieser entfernte Verwandte hier ist deutlich gesünder, attraktiver und köstlicher.

# Mandel-Kokos-KONFEKT

1/2 Tasse geschmolzenes Kokosöl

2 EL Honig

1/4 TL Mandel-Extrakt

1 Prise Meersalz

3/4 Tasse (56 g) ungesüßte Kokosraspeln

2 EL Kokosmehl, gesiebt

170 g Bitterschokolade, über einem Wasserbad geschmolzen

30 Mandeln

1) In einer kleinen Rührschüssel Kokosöl, Honig, Mandel-Extrakt und Salz verrühren.
2) Kokosraspeln und Kokosmehl hinzufügen und alles verrühren.
3) Die Mischung in eine Silikon-Pralinenform mit 30 Vertiefungen füllen, sodass jede Mulde zu zwei Dritteln voll ist.
4) Die Form ungefähr 20 Minuten ins Gefrierfach stellen.
5) Danach die Form aus dem Gefrierfach holen und in jede Vertiefung einen Löffel geschmolzener Schokolade gießen, um die Vertiefung komplett zu füllen.
6) Leicht an der Form rütteln, damit sich die Schokolade gleichmäßig verteilt.
7) Das Konfekt 5 Minuten stehen lassen, damit die Schokolade Zimmertemperatur annimmt. Dann in den Kühlschrank stellen, bis das Konfekt fest ist.
8) Die Form umdrehen und die Pralinen aus der Form lösen, sodass die Schokolade unten ist.
9) Einen Tropfen geschmolzenes Kokosöl auf jede kalte Praline träufeln und eine Mandel obendrauf setzen. Das Kokosöl wird durch die kalte Praline hart, sodass die Mandeln „kleben" bleiben.
10) Das Konfekt im Kühlschrank oder an einem kühlen Ort aufbewahren.

**Ergibt 30 Pralinen.**

Vor einigen Jahren träumte ich davon, diese Karamellen und andere Variationen in niedlichen, kleinen Schachteln zu verkaufen, vor allem vor Feiertagen. Dann kam unser drittes Kind und ich begann, dieses Kochbuch zu schreiben. Doch dieses Rezept ist einfach zu gut, um es länger geheim zu halten!

# Schokoladen-KARAMELLEN

1 1/2 Tassen Wasser

3/4 Tasse (119 g) Kokoszucker

2 Tassen geschmolzenes Kokosfett oder Kokoscreme-Konzentrat

3/4 Tasse (62 g) rohes Kakaopulver

2 TL Vanille-Extrakt

1/2 TL flüssige Vanille-Stevia

1) In einem kleinen Kochtopf das Wasser auf mittlerer Stufe erhitzen. Kokoszucker hinzufügen und umrühren, bis der Zucker sich gerade aufgelöst hat. Dann die Herdplatte ausschalten.

2) In einer Küchenmaschine das Zuckerwasser, Kokosfett oder Kokoscreme-Konzentrat, rohes Kakaopulver, Vanille-Extrakt und flüssige Vanille-Stevia 20 Sekunden pürieren; einmal unterbrechen, um die Masse abzuschaben, die sich an den Seiten abgesetzt hat.

3) Eine Form (20 cm x 20 cm) mit einem Stück ungebleichtem Backpapier auslegen, das groß genug ist, um den Boden und die Seiten zu bedecken. An den Ecken das Papier knicken, damit es nicht verrutscht.

4) Mit einem flexiblen Teigschaber aus Silikon die Karamellen-Mischung in die vorbereitete Form füllen und gleichmäßig verteilen.

5) In den Kühlschrank stellen, damit die Masse fest wird. Die Karamellen im Kühlschrank aufbewahren.

6) Die Schokoladen-Karamellmasse in Happen schneiden und servieren.

**VARIATIONEN**

1) Schoko-Minz-Karamellen: 1/2 TL Pfefferminz-Extrakt hinzufügen.

2) Mokka-Karamellen: 4 TL gemahlenen, koffeinfreien Kaffee hinzufügen.

3) Amaretto-Karamellen: 1 TL Amaretto-Extrakt hinzufügen (Ich verwende die Marke Olive Nation).

**Ergibt ungefähr 16 Portionen.**

Irgendetwas an dieser weißen Leckerei erinnert mich an den Winter: Ich möchte mich aufs Sofa kuscheln und durchs Fenster die Schneeflocken draußen beobachten.

# WEISSE Schokoladen-Karamellen

1/2 Tasse (85 g)
Kakaobutter

3/4 Tasse
Kokosschlagsahne
(Seite 116)

1/2 Tasse geschmolzenes
Kokosfett oder
Kokoscreme-Konzentrat

1/3 Tasse Honig

1/2 Vanilleschote,
der Länge nach auf-
geschnitten und Mark
herausgekratzt

1/8 TL flüssige Vanille-
Stevia

1/4 Tasse Kokosmehl,
gesiebt

**1)** Über einem Wasserbad die Kakaobutter erhitzen, bis sie gerade geschmolzen ist. Beiseitestellen.

**2)** In einer Küchenmaschine Kokosschlagsahne, geschmolzenes Kokosfett oder Kokoscreme-Konzentrat, Honig, Vanillemark und flüssige Vanille-Stevia pürieren.

**3)** Währenddessen die geschmolzene Kakaobutter hinzufügen.

**4)** Die Küchenmaschine ausschalten und das Kokosmehl hinzufügen. 10 Sekunden pürieren.

**5)** Eine rechteckige Form (Fassungsvermögen 6 Tassen) mit einem Stück ungebleichtem Backpapier auslegen, das groß genug ist, um den Boden und die Seiten zu bedecken. An den Ecken das Papier knicken, damit es nicht verrutscht.

**6)** Mit einem flexiblen Teigschaber aus Silikon die Karamellen-Mischung in die vorbereitete Form füllen und gleichmäßig verteilen.

**7)** In den Kühlschrank stellen, damit die Masse fest wird. Die Karamellen im Kühlschrank aufbewahren.

**8)** Die Karamellmasse in Happen schneiden und servieren.

**Ergibt ungefähr 16 Portionen.**

Kleine Köstlichkeiten

# ZWEIERLEI *Kirsch-Pralinen*

## MARASCHINO-KIRSCH-PRALINEN

255 g Sauerkirsch-Frucht-aufstrich aus dem Glas (ich verwende Bionaturae, da bei dieser Marke kein Zucker zugesetzt ist.)

9 Maraschino-Kirschen

115 g selbst gemachte* Bitterschokolade (Seite 172), über einem Wasserbad geschmolzen

*Es funktioniert auch mit fertig gekaufter Schokolade, aber dann wird die Schokohülle fester. Sie werden nicht die gesamte Schokolade benötigen.

1) 9 Vertiefungen der Pralinenform zur Hälfte mit dem Sauerkirsch-Frucht-aufstrich füllen.

2) 1 ganze Maraschino-Kirsche in jede Vertiefung drücken. Gegebenenfalls noch etwas zusätzlichen Sauerkirsch-Fruchtaufstrich darüberstreichen.

3) In die Mitte jeder Vertiefung einen Zahnstocher durch die Maraschino-Kirsche stecken.

4) Die Form mit der Füllung mindestens 8 Stunden ins Gefrierfach stellen. Die Masse wird nicht vollständig fest.

5) Die Form aus dem Gefrierfach holen. Vorsichtig von unten gegen jede der Vertiefungen drücken, sodass die Füllung sich löst. Wenn etwas in der Form zurückbleibt, herauslöffeln und wieder an die entsprechende Stelle der Praline drücken – nach dem Schokoladen-Überzug ist das nicht mehr zu sehen. Nicht versuchen, die Pralinen an den Zahnstochern aus der Form zu ziehen: Diese sind zum Eintauchen der Pralinen in die Schokolade gedacht.

6) Die Pralinen einzeln in die geschmolzene Schokolade tunken und am Zahnstocher halten, bis sie trocknen. (Das dauert nur wenige Sekunden.) Während die Schokolade trocknet, den Zahnstocher zwischen den Fingern drehen. Dann ein zweites Mal eintauchen und während des Trocknens wieder halten.

7) Vorsichtig den Zahnstocher entfernen und die Pralinen auf ein Stück ungebleichtes Backpapier setzen.

8) Die fertigen Pralinen auf Zimmertemperatur servieren – oder gekühlt, wenn festere Pralinen bevorzugt werden.

**Ergibt 9 Pralinen.**

## SAUERKIRSCH-PRALINEN

255 g Sauerkirsch-Fruchtaufstrich aus dem Glas (ich verwende Bionaturae, da bei dieser Marke kein Zucker zugesetzt ist.)

115 g selbst gemachte* Bitterschokolade (Seite 172), über einem Wasserbad geschmolzen

*Es funktioniert auch mit fertig gekaufter Schokolade, aber dann wird die Schokohülle fester. Sie werden nicht die gesamte Schokolade benötigen.

1) 9 Vertiefungen der Pralinenform mit dem Sauerkirsch-Fruchtaufstrich füllen.

2) In die Mitte jeder Vertiefung einen Zahnstocher stecken. Sollte der Frucht-aufstrich nicht fest genug sein, sodass der Zahnstocher nicht hält, die Form mit den Füllungen 30 Minuten einfrieren, bis der Zahnstocher stehen bleibt.

3) Die Form mit der Füllung mindestens 8 Stunden ins Gefrierfach stellen. Die Masse wird nicht vollständig fest.

4) Die Form aus dem Gefrierfach holen. Vorsichtig von unten gegen jeder der Vertiefungen drücken, sodass die Füllung sich löst. Nicht versuchen, die Pralinen an den Zahnstochern aus der Form zu ziehen: Diese sind zum Eintauchen der Pralinen in die Schokolade gedacht.

5) Die Pralinen einzeln in die geschmolzene Schokolade tunken und am Zahnstocher halten, bis sie trocknen. (Das dauert nur wenige Sekunden.) Während die Schokolade trocknet, den Zahnstocher zwischen den Fingern drehen. Dann ein zweites Mal eintauchen und während des Trocknens wieder halten.

6) Vorsichtig den Zahnstocher entfernen und die Pralinen auf ein Stück ungebleichtes Backpapier setzen.

7) Die fertigen Pralinen auf Zimmertemperatur servieren – oder gekühlt, wenn festere Pralinen bevorzugt werden.

**Ergibt 7 Pralinen.**

*Kleine Köstlichkeiten*

Fruchtig gefüllte Pralinen habe ich schon als Kind geliebt. Milchfreie Produkte zu finden, ist aber fast unmöglich. Deshalb freue ich mich besonders, dieses Rezept mit Ihnen teilen zu können!

Ich habe zwei verschiedene Varianten entwickelt. Die eine Pralinen-Version ist mit klassischen Maraschino-Kirschen gefüllt. Da ich diese nicht selbst herstellen wollte, habe ich welche ohne roten Farbstoff bestellt (Marke: Tillen Farms).

Bei Variante 2 besteht die Füllung ausschließlich aus reinem Sauerkirsch-Fruchtaufstrich. Diese Pralinen sind süß und sauer zugleich – eine tolle Kombination. Wenn Ihnen die Füllung zu sauer ist, können Sie diese leicht mit ein wenig flüssiger Stevia süßen.

Für die Herstellung beider Varianten verwende ich die Pralinenform „62-Cavity Medium Round Truffle Mold" von Truffly Made (bei Amazon.com gekauft). Bei Kirsch-Pralinen ist es wichtig, dass die Form aus Silikon besteht, damit Sie die Pralinen nach dem Einfrieren leicht herauslösen können. Wenn Sie sich für die Variante mit den Maraschino-Kirschen entscheiden, müssen die Mulden außerdem tief genug sein.

Diese Riegel eignen sich wunderbar für unterwegs oder für einen Filmabend zu Hause auf dem Sofa.

# FRUCHTIGE NUSS-RIEGEL MIT *Schokoüberzug*

## ZUTATEN FÜR DIE RIEGEL

1 Tasse ganze Mandeln

1 1/4 Tassen Mandelblättchen

1 Tasse Walnüsse

3/4 Tasse getrocknete Cranberrys

2 EL schwarze Sesamsamen

Kokosöl zum Einfetten der Form

1/4 Tasse ungesüßte Kokosraspeln

1/2 Tasse Honig

1 TL Vanille-Extrakt

3 EL Orangenschale (von ungefähr 2 ganzen Orangen)

1/4-1/2 TL Meersalz nach Geschmack

## FÜR DEN ÜBERZUG

170 g Bitterschokolade, geschmolzen

1) Den Backofen auf 180 °C vorheizen.

2) In einer Rührschüssel ganze Mandeln, Mandelblättchen, Walnüsse, getrocknete Cranberrys und Sesam mischen. Die Mischung beiseitestellen.

3) Eine Backform (23 cm x 17,5 cm) mit einem Stück ungebleichten Backpapier auslegen, das groß genug ist, um Boden und Ränder zu bedecken. Die Ecken falten, damit das Backpapier nicht verrutscht.

4) Den Teil des Backpapiers, das den Boden bedeckt, mit Kokosöl einfetten und mit Kokosraspeln bestreuen. Die Form beiseitestellen.

5) In einem kleinen Kochtopf bei niedriger bis mittlerer Hitze Honig, Vanille-Extrakt, Orangenschale und Salz miteinander verrühren. Sobald der Honig zu köcheln beginnt, vom Herd nehmen.

6) Die Honigmischung zu den trockenen Zutaten in die Schüssel gießen und umrühren, damit die trockenen Zutaten gleichmäßig mit der Honig-mischung bedeckt sind.

7) Mit einem flexiblen Teigschaber aus Silikon die Nussmischung in die vorbereitete Backform füllen und gleichmäßig verteilen.

8) Ungefähr 20 Minuten backen. (Je länger die Riegel gebacken werden, desto knuspriger werden sie. Wer es knusprig mag, bäckt die Riegel länger, sodass die Nüsse goldbraun werden.)

9) Die Form aus dem Backofen holen und abkühlen lassen. In 12 Riegel schneiden und in den Kühlschrank stellen, bis sie ganz kalt sind.

10) Über einem Wasserbad die Bitterschokolade schmelzen. Jeden gekühlten Riegel zur Hälfte in die geschmolzene Schokolade tauchen und wieder auf das Backpapier legen.

11) Die fertigen Riegel wieder in den Kühlschrank legen, damit sie vor dem Servieren fest werden.

### VARIANTE
**Kirsch-Ingwer-Nuss-Riegel mit Schoko-Überzug:** Die Cranberrys durch 1/2 Tasse getrocknete Sauerkirschen ersetzen. 1/4 Tasse kandierten Ingwer abspülen, fein hacken und hinzufügen. Die Orangenschale weglassen.

**Ergibt 12 Riegel.**

188 *Kleine Köstlichkeiten*

Sie werden nicht die gesamte Schokoladenmenge brauchen, aber es ist besser, zu viel als zu wenig zu haben. Was Sie nicht benötigen, können Sie für ein anderes Rezept aufheben.

# Sonnenblumenkern-PRALINEN

170 g Bitterschokolade

1/2 Tasse Sonnenblumenkern-Butter ohne Zuckerzusatz

1 EL Honig

1 Vanilleschote, der Länge nach aufgeschnitten und das Mark herausgekratzt

Prise Meersalz

**1)** Die Schokolade schmelzen. Sobald sie streichfähig ist, mithilfe eines Backpinsels die Innenseite von 8 Pralinenformen mit Schokolade bepinseln. Den Pinsel mit heißem Wasser ausspülen und mit einem Geschirrtuch abtrocknen.

**2)** Die Pralinenformen 5 Minuten einfrieren, dann mit einer zweiten Schokoladenschicht bepinseln. Die Formen wieder einfrieren, während die Füllung vorbereitet wird. Den Pinsel mit heißem Wasser ausspülen und mit einem Geschirrtuch abtrocknen.

**3)** In einer Rührschüssel Sonnenblumenkern-Butter, Honig, Vanillemark und Salz verrühren.

**4)** Die mit Schokolade beschichteten Pralinenformen aus dem Gefrierfach holen. Die Sonnenblumenkern-Mischung zu Kugeln rollen und in die vorbereiteten Formen drücken.

**5)** Schokolade über die gefüllten Formen pinseln und wieder einfrieren. Den Pinsel mit heißem Wasser ausspülen und mit einem Geschirrtuch abtrocknen. Wenn die oberste Schokoladenschicht fest ist, eine letzte Schokoschicht darüberpinseln.

**6)** Die Sonnenblumenkern-Pralinen im Kühlschrank aufbewahren und kalt oder auf Zimmertemperatur genießen.

**Ergibt 8 Sonnenblumenkern-Pralinen.**

Meine kleinen Mädchen lieben diese Leckerei. Ich hoffe, Sie auch!

# PRALINEN MIT *weißer Schokolade* UND SCHINKENSPECK

## ZUTATEN FÜR DIE PRALINEN

45 g Kakaobutter

45 g geschmolzenes Kokos-
fett oder Kokoscreme-
Konzentrat

2 TL Honig

1 Vanilleschote, der Länge
nach aufgeschnitten und
das Mark herausgekratzt

10 Tropfen flüssige
Vanille-Stevia

1-2 TL Schmalz
nach Geschmack

## ZUM GARNIEREN

Knusprige Speckstückchen

Gemahlenes, rosafarbenes
Himalayasalz

**1)** Eine Rührschüssel auf einen Topf mit leicht köchelndem Wasser stellen. Der Boden der Schüssel sollte einige Zentimeter über der Wasseroberfläche sein.

**2)** Die Kakaobutter in die Schüssel füllen. Sobald die Kakaobutter geschmolzen ist, vom Herd nehmen.

**3)** In einem kleinen Mixer Kokosfett oder Kokoscreme-Konzentrat, Honig, Vanillemark, flüssige Vanille-Stevia und Schmalz pürieren.

**4)** Die Mischung auf Zimmertemperatur abkühlen lassen, dann gut umrühren, in Pralinenformen gießen und ins Gefrierfach stellen, damit die Masse fest wird.

**5)** Die Pralinen mit knusprigen Speckstückchen und gemahlenem, rosafarbenem Himalayasalz bestreuen. Im Kühlschrank aufbewahren.

Die auf dem Foto abgebildeten Pralinen habe ich in einer schneckenförmigen Pralinenform aus Silikon gemacht, die ich über Amazon.com bestellt habe. Sie können auch eine andere Pralinenform verwenden und die Pralinen in Bitterschokolade tauchen.

**Ergibt 12 Pralinen.**

Dank der Pralinenförmchen sind diese Trüffel schnell und einfach zu machen.
Außerdem schmecken sie einfach köstlich!

## Schokoladen-TRÜFFEL

- 1/2 Tasse (85 g) Kakaobutter
- 1/3 Tasse (85 g) geschmolzenes Kokosfett oder Kokoscreme-Konzentrat
- 1-2 EL Honig nach Geschmack
- 1-2 EL rohes Kakaopulver nach Geschmack
- 1 Vanilleschote, der Länge nach aufgeschnitten und das Mark herausgekratzt
- 20 Tropfen flüssige Vanille-Stevia
- 85 g Bitterschokolade

1) Eine Rührschüssel auf einen Topf mit leicht köchelndem Wasser stellen. Der Boden der Schüssel sollte einige Zentimeter über der Wasseroberfläche sein.
2) Die Kakaobutter in die Schüssel füllen. Sobald die Kakaobutter geschmolzen ist, vom Herd nehmen.
3) In einem kleinen Mixer Kakaobutter, Kokosfett oder Kokoscreme-Konzentrat, Honig, rohes Kakaopulver, Vanillemark und flüssige Vanille-Stevia pürieren.
4) Die Mischung in eine Pralinenform füllen und mehrere Stunden ins Gefrierfach stellen, bis die Masse kalt ist.
5) Die Bitterschokolade in eine Schüssel geben und diese für 1 bis 2 Minuten auf einen Topf mit leicht köchelndem Wasser stellen, bis die Schokolade gerade geschmolzen ist.
6) Die Schüssel vom Herd nehmen und die geschmolzene Schokolade in eine kleine Schale füllen, sodass die Pralinen hineingetaucht werden können.
7) Ein Stück ungebleichtes Backpapier auf ein Backblech legen. (Darauf werden die Pralinen trocknen, nachdem sie mit Schokolade überzogen sind.)
8) Die Pralinen aus der Form holen. In die Unterseite jeder Praline schräg einen Zahnstocher stecken, um die Pralinen mit dessen Hilfe in die Schokolade zu tunken.
9) Die überschüssige Schokolade zurück in die Schale tropfen lassen. Die Praline vom Zahnstocher ziehen; dabei die Praline leicht gegen das Backpapier drücken und gleichzeitig mit dem Zeigefinger vom Zahnstocher schieben (siehe Abbildung auf Seite 152).
10) Vor dem Servieren die Pralinen trocknen und Zimmertemperatur annehmen lassen. An einem dunklen Ort bei maximal 21 °C aufbewahren.

**Ergibt 15 oder mehr Trüffel, je nach Größe der Form.**

Dieses Aroma von Schokolade und Kaffee ist einfach wunderbar!
Außerdem mag ich das Aussehen dieser Trüffel beim Hineinbeißen.

1) Zubereitung wie oben beschrieben, doch bei Schritt 3 wird das Kakaopulver weggelassen und durch 2 bis 3 Teelöffel gemahlenen, entkoffeinierten Bio-Kaffee ersetzt – je nach Geschmack.

Den Kindern macht es viel Spaß, diese Trüffel in geschmolzene Schokolade zu tauchen. Es fällt allerdings gar nicht so leicht zu warten, bis sie abgekühlt sind.

# Erdbeer–TRÜFFEL

1/2 Tasse (85 g) Kakao-butter

1/3 Tasse (85 g) geschmolzenes Kokos-fett oder Kokoscreme-Konzentrat

1 EL Honig

1 Vanilleschote, der Länge nach aufgeschnitten und das Mark herausgekratzt

20 Tropfen flüssige Vanille-Stevia

4 TL alkoholfreier Erdbeer-Extrakt (Frontier)

1-2 TL rote natürliche Lebensmittelfarbe von India Tree, je nach gewünschter Farbintensität

85 g Bitterschokolade

1) Eine Rührschüssel auf einen Topf mit leicht köchelndem Wasser stellen. Der Boden der Schüssel sollte einige Zentimeter über der Wasserober-fläche sein.

2) Die Kakaobutter in die Schüssel füllen. Sobald die Kakaobutter geschmolzen ist, vom Herd nehmen.

3) In einem kleinen Mixer Kakaobutter, Kokosfett oder Kokoscreme-Konzentrat, Honig, Vanille, flüssige Vanille-Stevia, Erdbeer-Extrakt und Lebensmittelfarbe pürieren.

4) Die Mischung in eine Pralinenform füllen und mehrere Stunden ins Gefrierfach stellen, bis die Masse kalt ist.

5) Die Bitterschokolade in eine Schüssel geben und diese für 1 bis 2 Minuten auf einen Topf mit leicht köchelndem Wasser stellen, bis die Schokolade gerade geschmolzen ist.

6) Die Schüssel vom Herd nehmen und die geschmolzene Schokolade in eine kleine Schale füllen, sodass die Pralinen hineingetaucht werden können.

7) Ein Stück ungebleichtes Backpapier auf ein Backblech legen. (Darauf werden die Pralinen trocknen, nachdem sie mit Schokolade überzogen sind.)

8) Die Pralinen aus der Form holen. In die Unterseite jeder Praline schräg einen Zahnstocher stecken, um die Pralinen mit dessen Hilfe in die Schokolade zu tunken.

9) Die überschüssige Schokolade zurück in die Schale tropfen lassen. Die Praline vom Zahnstocher ziehen; dabei die Praline leicht gegen das Backpapier drücken und gleichzeitig mit dem Zeigefinger vom Zahnstocher schieben (siehe Abbildung auf Seite 152).

10) Vor dem Servieren die Pralinen trocknen und Zimmertemperatur annehmen lassen. An einem dunklen Ort bei maximal 21 °C aufbewahren.

**Ergibt 15 oder mehr Trüffel, je nach Größe der Form.**

Matcha ist zu feinem Pulver gemahlener Grüntee und eignet sich zur Herstellung ganz besonders hübscher Trüffel. Ich habe diese Geschmacksrichtung für meinen Mann entwickelt, der ein leidenschaftlicher Teetrinker ist.

# Matcha–TRÜFFEL

1) Zubereitung wie oben beschrieben, doch bei Schritt 3 wird der Erdbeer-Extrakt weggelassen und durch 1 bis 2 Teelöffel Matcha ersetzt – je nach Geschmack. (Zunächst wird die Farbe dunkel sein, doch wenn die Mischung fest wird, hellt sie sich auf.)

Kleine Köstlichkeiten

Bei meinem Junggesellinnenabschied im Jahr 2001 habe ich zum ersten Mal gefüllte Datteln mit Speckumhüllung gekostet. Seitdem gehören sie für mich zu den himmlischsten Leckereien überhaupt. Statt sie mit ganzen Mandeln zu füllen, habe ich mir eine Füllung einfallen lassen, die aus Mandelmus und Kakaopulver besteht. Ich finde, das schmeckt einfach göttlich!

# DATTELN IM SCHINKENMANTEL MIT *Mandel-Schoko*-FÜLLUNG

1/4 Tasse Mandelmus

3 EL Kakaopulver

1 1/2 TL Honig

1/8 TL Meersalz

Wasser, falls nötig

20 große, weiche Medjool-Datteln

Ungefähr 230 g roher Schinkenspeck

1) Den Backofen auf 200 °C vorheizen.

2) In einer kleinen Rührschüssel Mandelmus, Kakaopulver, Honig und Salz verrühren. Falls erforderlich, ein oder zwei Spritzer Wasser hinzufügen, damit sich alles gut miteinander verbindet. Die Mischung sollte trocken genug sein, dass man mit den Händeln daraus Kugeln formen kann.

3) Aus der Mischung 20 Kugeln formen, die etwa 2 cm Durchmesser haben.

4) Jede Dattel vorsichtig der Länge nach aufschneiden und den Stein entfernen. (Dabei die Dattel aufklappen, nicht halbieren.)

5) Jede Dattel mit einer Mandel-Schoko-Kugel füllen. Die Datteln über der Füllung zusammenklappen, sodass sie aussehen, als seien sie unversehrt.

6) Die Streifen rohen Schinkenspecks dritteln.

7) Die Datteln mit der Schnittfläche nach oben halten und die Schinken-streifen fest um die gefüllten Datteln wickeln, sodass die Enden des Streifens unter der Dattel aufeinander treffen oder sich überlappen. Den Schinkenspeck mit einem Zahnstocher feststecken, der durch die Mitte der Dattel gesteckt wird.

8) Die Dattelpäckchen auf einem Backblech ungefähr 24 Minuten backen, bis der Schinkenspeck knusprig ist. (Je nachdem, wie mager der Schinkenspeck ist, wird eine kürzere oder längere Backzeit benötigt.)

9) Vor dem Servieren mindestens 5 Minuten abkühlen lassen.

**Ergibt 20 Dattelpäckchen.**

*Kleine Köstlichkeiten*

Diese Pralinen sind eine hervorragende Kombination aus Pistazien und Schokolade.
Sie sehen wunderbar aus – und so schmecken sie auch!

# Pistazien-Dattel-PRALINEN

## ZUTATEN FÜR DIE PRALINEN

10 große, weiche, entsteinte Medjool-Datteln

1/2 Tasse ohne Fett geröstete Pistazien ohne Schalen (zum Beispiel der Marke Eden Organic)

1/4 Tasse rohes Cashew-Nussmus

3 EL Wasser

2 EL rohes Kakaopulver

2 EL Kokosmehl, gesiebt

## ZUTATEN FÜR DEN ÜBERZUG

1/4 Tasse ohne Fett geröstete Pistazien ohne Schalen

85 g Bitterschokolade

1) In einer Küchenmaschine Datteln, 1/2 Tasse Pistazien, Cashew-Nussmus und Wasser ungefähr 5 Minuten pürieren, bis eine cremige Masse entsteht. Zwischendurch mehrfach unterbrechen, um die Masse von den Seiten abzuschaben.

2) Rohes Kakaopulver und Kokosmehl hinzufügen und pürieren, bis sich alles miteinander vermengt hat.

3) Mit einem flexiblen Teigschaber aus Silikon den Teig in eine kleine Form füllen und im Kühlschrank einige Stunden kühlen.

4) Mit den Händen oder einem Eisportionierer (Fassungsvermögen 20 g, Größe 40) den Teig zu 11 Kugeln formen.

5) Die Kugeln auf ein mit ungebleichtem Backpapier ausgelegtes Backblech setzen und ungefähr 1 Stunde einfrieren.

### ÜBERZIEHEN

1) Für den Überzug 1/4 Tasse Pistazien in einer Kaffeemühle oder einem kleinen Mixer fein mahlen. In einer kleinen Form beiseitestellen, um später die Pralinen darin zu wälzen.

2) Über einem Wasserbad die Bitterschokolade 1 bis 2 Minuten schmelzen. Vom Herd nehmen und zum Eintauchen in eine kleine Form füllen.

3) Von unten einen Zahnstocher in jede Kugel stecken. Die Kugeln in die geschmolzene Schokolade tunken und dann rasch in den gemahlenen Pistazien wälzen, bevor die Schokolade trocknet.

4) Die Pralinen in ungebleichtes Backpapier eingewickelt in einem luftdicht verschlossenen Beutel im Gefrierfach aufbewahren. Sie können bei Zimmertemperatur gegessen werden, doch am besten schmecken sie direkt aus dem Gefrierfach.

**Ergibt ungefähr 11 Pralinen.**

# Leckere Hauptgerichte

**CHILI-RINDFLEISCH-EINTOPF** 204
OHNE EI

**FRUCHTIGER SALAT MIT SCHOKOLADEN-VINAIGRETTE** 206
OHNE EI

**CHILI MIT BUTTERNUSSKÜRBIS** 208
OHNE EI

**WÜRZIGES SCHOKOLADEN-CURRY** 210
OHNE EI

**GEWÜRZRIPPCHEN MIT KAKAO** 212
OHNE EI

**MEXIKANISCHES HÄHNCHEN** 214
OHNE EI

**BARBECUE-SOSSE** 216
OHNE EI

**GRILL-HÄHNCHENKEULEN AUS DEM OFEN** 216
OHNE EI

**TOMATEN-KIRSCH-HÄHNCHENSCHNITZEL** 218
OHNE EI

**BLUMENKOHL-„REIS"** 218
OHNE EI

**LANGSAM GEGARTES HÄHNCHEN** 220
OHNE EI

Dieses gehaltvolle Eintopfgericht können Sie mit jeder Art von Fleisch zubereiten. Es ist vielseitig und deftig. Dazu schmeckt das Pseudo-Maisbrot (Seite 120) hervorragend.

# Chili-RINDFLEISCH-EINTOPF

1 Tasse Wasser

2 getrocknete Poblano-Chilischoten

1 Tasse Tomaten, entkernt

1 EL Kokosöl

1 kleine Zwiebel, grob gewürfelt

2 Zehen Knoblauch, geschält

1 TL Zimt

1 1/2 TL gemahlener Kreuzkümmel

2-4 EL Honig nach Geschmack

1/2-1 TL Meersalz nach Geschmack

950 ml Rinderbrühe (selbst gemacht oder von Imagine Organic)

450 g Rinderschmorbraten, auf Zimmertemperatur

85 g Bitterschokolade, zerkleinert

1/2 Tasse vollfette Kokosmilch aus der Dose

In Scheiben geschnittene Kirschtomaten zum Garnieren

1) Das Wasser zum Kochen bringen. In eine Schüssel füllen, die getrockneten Chilischoten hinzufügen, abdecken und ungefähr 20 Minuten einweichen.

2) Die entkernten Tomaten ausdrücken, um die überschüssige Flüssigkeit zu entfernen, dann grob hacken. Beiseitestellen.

3) Einen großen Topf auf kleiner bis niedriger Stufe erhitzen. Kokosöl hinzufügen und Tomaten, Zwiebeln und Knoblauch im Öl ungefähr 5 Minuten anbraten.

4) Tomaten, Zwiebeln und Knoblauch in einen Mixer umfüllen und beiseitestellen.

5) Die Chilis aus dem Wasser holen, das Einweichwasser aufheben. Die Stiele entfernen, Chilis halbieren und die Samen herauskratzen. Chilis und Einweichwasser zu Tomaten, Zwiebeln und Knoblauch in den Mixer füllen. Die Hände sofort waschen, damit die Augen nicht versehentlich mit dem Chilisaft in Berührung kommen.

6) Zimt, Kreuzkümmel, Honig, Salz und 1 Tasse der Rinderbrühe in den Mixbehälter hinzufügen und pürieren.

7) Den Rinderschmorbraten in den Topf legen und das Püree aus dem Mixer sowie die restliche Rinderbrühe darübergießen.

8) Den Eintopf fast zum Kochen bringen und auf kleinere Stufe zurückschalten. Den Deckel leicht schräg auf den Topf setzen und ungefähr 1 Stunde köcheln lassen.

9) Herdplatte ausschalten, zerkleinerte Schokolade und Kokosmilch hinzufügen.

10) Mit vielen in Scheiben geschnittenen Kirschtomaten servieren.

**Ergibt ungefähr 4 Portionen.**

Ich liebe die Kombination aus Kakaonibs und einem herrlichen Salat. Die Feigen und Beeren sind nicht nur ein Augenschmaus, sondern schmecken auch einfach köstlich.

# FRUCHTIGER SALAT MIT *Schokoladen*-VINAIGRETTE

## ZUTATEN FÜR DIE VINAIGRETTE

2 EL Wasser

1/4 Tasse Apfelessig

1/4 Tasse Cashewnuss-Stückchen

1/4 TL Meersalz

Ein paar Krümel frisch gemahlener schwarzer Pfeffer

1 EL Honig

1/2 Tasse natives Olivenöl extra

1 EL Kakaonibs

## ZUTATEN FÜR DEN SALAT

Frische Feigen

Brombeeren

Heidelbeeren

Kopfsalat

Kakaonibs zum Garnieren

1) In einem kleinen Mixer Wasser, Apfelessig und Cashewstückchen pürieren, bis sie cremig sind.

2) Salz, Pfeffer, Honig, Olivenöl und Kakaonibs hinzufügen und einige Sekunden pürieren. Wird zu lange püriert, kann die Vinaigrette die Konsistenz von Mayonnaise annehmen, schmeckt dann allerdings immer noch genauso lecker.

3) Den Salat nach Belieben anordnen, die Vinaigrette darübergießen und genießen.

**Ergibt ungefähr 1 1/2 Tassen Dressing.**

Wenn Sie bisher noch nicht mit getrockneten Chilis gekocht haben, können Sie sich nun auf einen echten Genuss freuen. Sie verleihen dem ganzen Gericht einen vollkommen neuen Geschmack und sind sehr einfach zu verwenden. Dazu schmeckt das Pseudo-Maisbrot (Seite 120) hervorragend.

# *Chili* MIT BUTTERNUSSKÜRBIS

1 Tasse Wasser

2 getrocknete Chipotle-Chilischoten

1 getrocknete Poblano-Chilischote

450 g roher Butternusskürbis, gewürfelt

Kokosöl zum Braten

1/8 TL Meersalz + 1/2 bis 1 TL nach Geschmack

1/8 TL Knoblauchpulver

2 Tassen zerkleinerte Zwiebeln

4 Zehen Knoblauch, zerkleinert

450 g Rinderhackfleisch (von freilaufenden Tieren)

1 Tasse Rinderbrühe (selbst gemacht oder Imagine Organic)

1 (425 g) Dose geröstete, gewürfelte Tomaten (ich verwende Muir Glen)

1 (200 g) Dose Tomaten-mark (ich verwende Bionaturae)

2 EL Honig

2 TL getrockneter Oregano

2 TL gemahlener Kreuzkümmel

1 TL Paprikapulver

1/2 TL Zimt

60 g Bitterschokolade, zerkleinert

Saft einer halben Limette (ungefähr 1 EL)

1) Das Wasser zum Kochen bringen. In eine Schüssel füllen, alle getrockneten Chilischoten hinzufügen, abdecken und ungefähr 20 Minuten einweichen.
2) Den Backofen auf 200 °C vorheizen.
3) Den Kürbis mit Kokosöl beträufeln. 1/8 Teelöffel Salz und 1/8 Teelöffel Knoblauchpulver darüberstreuen und gleichmäßig verteilen.
4) Den Kürbis in einer einzigen Schicht auf ein Backblech legen und ungefähr 1 Stunde rösten, bis er schön braun ist.
5) In einem großen Topf auf niedriger bis mittlerer Stufe 1 Esslöffel Kokosöl erhitzen, Zwiebeln und zerkleinerten Knoblauch hinzufügen. Ungefähr 5 Minuten anbraten.
6) Rinderhackfleisch hinzufügen und während des Bratens umrühren. Ungefähr 5 Minuten anbraten.
7) Die Chilis aus dem Wasser holen, das Einweichwasser aufheben. Die Stiele entfernen, Chilis halbieren und die Samen herauskratzen. Chilis und Einweichwasser zu Tomaten, Zwiebeln und Knoblauch in den Mixer füllen. Die Hände sofort waschen, damit die Augen nicht versehentlich mit dem Chilisaft in Berührung kommen.
8) In einem Mixer Chilis und Rinderbrühe pürieren.
9) Püree, Tomatenwürfel, Tomatenmark, Honig, Oregano, Kreuzkümmel, Paprika, Zimt und 1/2 bis 1 Teelöffel Salz zum Rindfleisch in den Topf füllen.
10) Die Fleischmischung zum Kochen bringen, auf kleinere Stufe zurückschalten, nicht abdecken und ungefähr 20 Minuten köcheln lassen.
11) Die Herdplatte ausschalten und die zerkleinerte Schokolade unterrühren.
12) Die gerösteten Kürbiswürfel über das Chili streuen, mit Limettensaft beträufeln und servieren.

**Ergibt ungefähr 4 Portionen.**

Mein „Würziges Schokoladen-Curry" ist eine schnellere, einfachere Variante des „Kaeng Masaman" aus der südlichen Thai-Küche. Wenn Sie das Gericht weniger scharf mögen, halbieren Sie die Menge an Chili, Knoblauch und Ingwer. Wir essen dieses Curry gern mit getreidefreien Fettuccine oder Süßkartoffel-Nudeln (siehe unten).

# WÜRZIGES *Schokoladen*-CURRY

## ZUTATEN FÜR DIE SOSSE

Kokosöl zum Braten

1 Tasse fein gewürfelte Zwiebeln

1 EL fein gehackter Knoblauch

1 EL fein gehackter frischer Ingwer

1 EL Chilipulver

370 ml vollfette Kokosmilch aus der Dose

2 EL Kokoszucker

2 EL Kakaopulver

1 EL Tamarindenpaste (ich verwende Aunt Patty's Organic)

1 EL Sonnenblumenkern-Butter ohne Zuckerzusatz

1 TL abgeriebene Zitronenschale (von ungefähr einer halben Zitrone)

1/2 TL Meersalz

1/2 TL Zimt

1/2 TL gemahlener Kardamom

1/8 TL gemahlene Nelken

Ungefähr 900 g Hähnchenbrust (4 Hähnchenbrusthälften) oder Rinderschmorfleisch

Gut 1/4 Tasse frisches Basilikum

## ZUTATEN FÜR DIE SÜSSKARTOFFEL-NUDELN

2 geschälte Süßkartoffeln

Schmalz oder Kokosöl zum Braten

Meersalz und frisch gemahlener schwarzer Pfeffer nach Geschmack

## ZUBEREITUNG DER SOSSE

1) In einer Pfanne mit 30 cm Durchmesser einige Esslöffel Kokosöl erhitzen. Zwiebeln, Knoblauch und Ingwer im Öl ungefähr 3 Minuten anbraten.

2) Chilipulver, Kokosmilch, Kokoszucker, Kakaopulver, Tamarindenpaste, Sonnenblumenkern-Butter, Zitronenschale, Salz, Zimt, Kardamom und Nelken hinzufügen. Die Mischung zum Köcheln bringen, dann auf kleinere Stufe zurückschalten.

3) Dieses Curry-Gericht wird oft mit Rinderschmorfleisch gegessen, doch wir verwenden in der Regel Hähnchenbrust ohne Knochen und Haut. Das Fleisch in Würfel oder Streifen schneiden. In die Soße rühren, nicht abdecken und köcheln lassen, bis das Fleisch gar ist.

4) Jede Portion mit frischem Basilikum bestreuen (wenn gewünscht, vorher hacken).

## ZUBEREITUNG DER SÜSSKARTOFFEL-NUDELN

1) Mit einem Spiralschneider (ich liebe meinen Benriner Turning Slicer) oder einer Küchenmaschine mit Julienne-Aufsatz die Süßkartoffel-Nudeln herstellen.

2) Die Nudeln in 1 bis 2 Esslöffel des Schmalzes oder Kokosöls auf mittlerer Stufe 5 bis 10 Minuten braten, dabei häufig umrühren.

3) Mit Salz und Pfeffer würzen.

**Ergibt 4 Portionen.**

Diese Rippchen sind schnell und leicht zubereitet. Aber es fällt gar nicht so leicht, zu warten, bis sie gar sind!

# GEWÜRZRIPPCHEN MIT *Kakao*

## AUSRÜSTUNG

Eine Pfanne mit einem Deckel, die für die Rippchen lang genug ist.

(Tipp: Der untere Teil eines Grillblechs ist in der Regel groß genug. Ein Backblech, das Sie verkehrt herum darüberstülpen, kann dann als Abdeckung dienen.)

## ZUTATEN

2 EL Kakaopulver

2 EL Kokoszucker

1 EL Chilipulver

1 1/2 TL Meersalz

1 EL Zwiebelpulver

1 1/2 TL Knoblauchpulver

1 1/2 TL getrockneter Oregano

1 1/2 TL Senfpulver

1 TL gemahlener Ingwer

1 TL Zimt

1/2 Tasse Rotwein

1/2 Tasse Wasser

1130 g Rinder- oder Schweinerippchen, auf Zimmertemperatur

1) Den Backofen auf 150 °C vorheizen.

2) In einer kleinen Schale Kakaopulver, Kokoszucker, Chilipulver, Salz, Zwiebelpulver, Knoblauchpulver, Oregano, Senfpulver, Ingwer und Zimt mischen. Beiseitestellen.

3) Die untere Seite der Rippchen mit ungefähr 1/4 Tasse der Gewürzmischung einreiben.

4) Die Rippchen in die Pfanne legen, mit der Unterseite nach unten.

5) Die Oberseite der Rippchen mit dem Rest der Gewürzmischung einreiben.

6) Wein und Wasser in die Pfanne gießen, neben die Rippchen; abdecken.

7) 1 Stunde im Ofen braten, dann nachsehen, wie viel Flüssigkeit noch in der Pfanne ist. Wenn der Deckel nicht genau passt, jeweils eine weitere 1/2 Tasse Wein und Wasser hinzufügen.

8) Weitere 30 Minuten braten.

9) Falls die Größe des Deckels passt, den Deckel nun entfernen. Wenn der Deckel nicht genau passt, auf der Form lassen.

10) Weitere 30 Minuten braten.

11) Die Innentemperatur der Rippchen sollte 70 °C betragen. Rippchen auf eine Platte legen und den Bratensaft darübergießen.

**Ergibt 2 bis 4 Portionen.**

Dieses Rezept basiert auf dem „Chicken Mole" aus meinem ersten Kochbuch („The Spunky Coconut Cookbook", 2. Auflage). Obwohl es sich dabei nicht um ein Paleo-Kochbuch handelte (es wurde bereits 2009 veröffentlicht), bereite ich noch immer viele der Rezepte daraus zu, die von Natur aus der Steinzeit-Ernährung entsprechen, oder wandele andere entsprechend ab.

# MEXIKANISCHES *Hähnchen*

1 Tasse zerkleinerte
   Zwiebeln

2 Zehen Knoblauch,
   fein gehackt

1 EL Schmalz oder Kokosöl

1 Tasse Hühnerbrühe

2 EL Tomatenmark

2 EL Kakaopulver

1/2 Tasse Rosinen

1/4 Tasse Sesam
   + 2 EL zum Garnieren

2 Tomaten, entkernt
   und zerkleinert

1 TL Chilipulver

1/2 TL Kreuzkümmel

1/2 TL Zimt

1/2 TL Meersalz

Ungefähr 900 g Hähnchen-
   brust (4 Hähnchenbrusthälften)

Kräutersalz oder Meersalz
   und frisch gemahlener
   schwarzer Pfeffer
   nach Geschmack

**1)** Den Backofen auf 180 °C vorheizen.

**2)** In einem große Schmortopf Zwiebeln und Knoblauch im Schmalz oder Kokosöl ungefähr 5 Minuten anbraten. Dann die Herdplatte ausschalten.

**3)** Hühnerbrühe, Tomatenmark, Kakaopulver, Rosinen, 1/4 Tasse Sesam, Tomaten, Chilipulver, Kreuzkümmel, Zimt und Salz hinzufügen. Umrühren, damit sich die Zutaten gut mischen.

**4)** Das Hähnchen auf beiden Seiten mit Kräutersalz oder Meersalz und Pfeffer würzen. Die Hähnchenbrust in die Soße legen und untertauchen.

**5)** Den Deckel auf den Schmortopf setzen. Ungefähr 45 Minuten im Ofen braten, bis das Hähnchen gar ist.

**6)** Zum Servieren mit den restlichen Sesamsamen bestreuen.

**Ergibt 4 Portionen.**

Möglicherweise haben Sie Tamarindenpaste, Fischsoße und Selleriesamen nicht standardmäßig in Ihrer Küche vorrätig, doch glauben Sie mir: Für diese unglaublich gute Soße sollten Sie diese Zutaten wirklich besorgen! Dieses Rezept liefert so viel Soße, dass Sie die Hälfte davon einfrieren können und immer darauf zurückgreifen können. Außerdem können Sie die Tamarindenpaste auch für das Rezept „Würziges Schokoladen-Curry" (Seite 210) brauchen.

# Barbecue-SOSSE

1/3 Tasse Apfelessig

400 g Bio-Tomatenmark aus der Dose

1/2 Tasse Honig

30 g Bitterschokolade, über einem Wasserbad geschmolzen

1 TL Tamarindenpaste (ich verwende Aunt Patty's Organic)

1 TL glutenfreie Fischsoße

3/4 TL Chilipulver (für eine mittelscharfe Soße; für eine scharfe Soße mehr)

1/2 TL Knoblauchpulver

1/4 TL Selleriesamen, gemahlen

3/4 TL Meersalz

1/8 TL frisch gemahlener schwarzer Pfeffer

1) In einem Mixer Apfelessig, Tomatenmark, Honig, Schokolade, Tamarindenpaste, Fischsoße, Chilipulver, Knoblauchpulver, Selleriesamenpulver, Salz und Pfeffer pürieren, bis eine cremige Masse entsteht.
2) Die Soße in Einmachgläser füllen und im Kühlschrank aufbewahren oder zur späteren Verwendung einfrieren. Wenn die Soße eingefroren wird, innen bis zum Deckel 2,5 cm Platz zum Ausdehnen lassen.

**Ergibt 3 Tassen.**

Die oben beschriebene Grillsoße können Sie auch für dieses tolle Rezept verwenden!

# Grill-HÄHNCHENKEULEN AUS DEM OFEN

12 Hähnchen-Unterkeulen

Barbecue-Soße (siehe oben)

1) Den Backofen auf 220 °C vorheizen.
2) Ein Grillblech leicht einfetten und die Hähnchen-Unterkeulen darauflegen.
3) Die Unterkeulen auf beiden Seiten mit der Grillsoße bepinseln.
4) 40 Minuten grillen. Dabei das Fleisch alle 10 Minuten herausholen und mit weiterer Soße bepinseln. (Ich bestreiche das Fleisch nur oben und an den Seiten, wenn ich es aus dem Backofen hole.)
5) Den Backofen ausschalten und die Unterkeulen noch weitere 10 Minuten darin lassen, bis das Fleisch ganz gar ist.
6) Mit weiterer Soße servieren.

**Ergibt 12 Unterkeulen.**

Dies ist eins der Lieblings-Hähnchengerichte meiner Familie –
und außerdem ist es wunderbar schnell zubereitet!

# Tomaten-Kirsch-HÄHNCHENSCHNITZEL

Ungefähr 900 g
    Hähnchenbrust
    (4 Hähnchenbrusthälften)

3/4 Tasse gehackte Tomaten

3/4 Tasse Sauerkirsch-
    Fruchtaufstrich ohne
    Zuckerzusatz (ich
    verwende Bionaturae)

2 EL Kakaopulver

1 EL Apfelessig

1/4 TL Meersalz + eine Prise

10 Tropfen flüssige
    Vanille-Stevia

Eine Prise frisch
    gemahlener schwarzer
    Pfeffer

Kokosöl zum Braten

1/4 Tasse geröstete
    Mandelblättchen
    zum Garnieren

1)  Die 4 Hähnchenbrusthälften in Schnitzel schneiden. Beiseitestellen.
2)  In einem großen Messbecher Tomaten, Sauerkirsch-Fruchtaufstrich, Kakaopulver, Apfelessig, 1/4 Teelöffel Salz und flüssige Vanille-Stevia verrühren.
3)  Ein paar Esslöffel Kokosöl in eine Edelstahl-Pfanne geben (30 cm Durchmesser) und auf niedriger bis mittlerer Stufe erhitzen.
4)  Das Fleisch in die heiße Pfanne legen (es ist in Ordnung, wenn die Schnitzel einander leicht überlappen) und ein wenig mit Salz und Pfeffer würzen.
5)  Die Soße aus dem Messbecher über das Hähnchen gießen.
6)  Die Pfanne mit einem leicht schräg sitzenden Deckel abdecken und den Herd auf kleinere Stufe zurückschalten.
7)  20 Minuten braten, bis das Hähnchen gar ist.
8)  Mit „Blumenkohl-„Reis"" (siehe unten) servieren und mit gerösteten Mandelblättchen garnieren.

**Ergibt 4 bis 8 Portionen.**

# Blumenkohl-„REIS"

1 großer Blumenkohl

1/2 Tasse gehackte
    Zwiebeln

2 EL Schmalz oder Kokosöl

Kräutersalz oder Meersalz
    und frisch gemahlener
    schwarzer Pfeffer nach
    Geschmack

1)  Den Blumenkohl grob hacken.
2)  In einer Küchenmaschine ein Viertel des gehackten Blumenkohls zerkleinern, bis er so fein ist wie Reiskörner. In eine Rührschüssel füllen.
3)  Ein weiteres Viertel des gehackten Blumenkohls in die Küchenmaschine füllen, die gehackten Zwiebeln hinzufügen und zerkleinern, bis alles so fein ist wie Reiskörner. In die Rührschüssel füllen.
4)  Die beiden verbliebenen zwei Portionen gehackten Blumenkohls auf dieselbe Weise zerkleinern.
5)  Eine Edelstahl- oder Gusseisen-Pfanne (30 cm Durchmesser) auf mittlerer Stufe erhitzen, Schmalz oder Kokosöl hinzufügen. Den Blumenkohlreis darin ungefähr 20 Minuten anbraten, dabei alle 5 Minuten umrühren.
6)  Mit Kräutersalz oder Salz und Pfeffer würzen.

**Ergibt ungefähr 6 Portionen.**

Durch langsames Garen wird Fleisch zart und saftig.
Wenn Sie dieses Hähnchen probieren, werden Sie sicher gern öfters auf diese Weise kochen.
Statt Hähnchen können Sie auch Schweineschulter verwenden.

# LANGSAM GEGARTES *Hähnchen*

1 EL Kakaopulver

2 TL ganze grüne
    Pfefferkörner

2 TL ganze
    Koriandersamen

2 TL Meersalz

2 TL Zimt

1/2 TL gemahlene
    Muskatnuss

680 g Süßkartoffeln

680 g Karotten

1 EL geschmolzenes
    Kokosöl

1 ganzes, rohes Hähnchen
    (1.360 bis 2.250 g)

**1)** Den Backofen auf 150 °C vorheizen.

**2)** Kakaopulver, Pfefferkörner, Koriandersamen, Salz, Zimt und Muskatnuss in einem kleinen Mixer oder in einer Kaffeemühle mahlen. Vor dem Öffnen des Geräts kurz warten, damit die Gewürze sich absetzen können.

**3)** Süßkartoffeln und Karotten schaben und in mundgerechte Stücke schneiden. Einen Schmortopf, der groß genug ist, um das ganze Hähnchen zu fassen, mit Öl einfetten. Süßkartoffeln und Karotten hineingeben und in 1 Esslöffel der Gewürzmischung und dem Öl wenden. Beiseitestellen.

**4)** Einen Esslöffel der Gewürzmischung auf der Rückseite des Hähnchens verteilen. Mit einem weiteren Esslöffel das Fleisch zwischen Brust und Haut einreiben. Dann den Rest der Gewürzmischung oben auf der Haut verteilen.

**5)** Das Hähnchen auf die Süßkartoffeln und Karotten legen. Die Flügel nach unten klemmen und die Schenkel zusammenbinden.

**6)** Zugedeckt 2 Stunden garen.

**7)** Das Hähnchen sollte innen eine Temperatur von 75 °C haben. Dann die Schenkel voneinander lösen, das Fleisch in Stücke schneiden und servieren.

**Ergibt 4 Portionen.**

# INDEX

**A**

Ahornsirup, 142

Amaretto-Extrakt, 78, 84, 182

Anaheim-Chilischoten, 166

Aroma (Bio-), 152

Äpfel, 176

Apfelessig, 44, 120, 206, 216, 218

Apfelmus, 40, 48, 60, 62, 70, 84, 92, 96, 98, 100, 122, 132, 144

**B**

Backnatron, 34, 36, 40, 44, 46, 50, 52, 60, 62, 66, 68, 70, 74, 76, 80, 84, 90, 92, 94, 96, 98, 100, 108, 110, 112, 120, 122, 132, 144

Backpulver, 34, 36, 44, 50, 60, 62, 68, 70, 76, 84, 100, 108, 122

Banane, 36, 42, 168

Basilikum, 210

Birnen, 134

Bitterschokolade, 34, 36, 38, 40, 44, 50, 52, 58, 62, 64, 70, 80, 88, 90, 92, 102, 110, 112, 120, 122, 124, 130, 132, 144, 146, 152, 154, 162, 166, 172, 176, 178, 180, 186, 188, 190, 194, 196, 200, 204, 208, 216

Blumenkohl, 218

Brombeeren, 54, 206

Butternusskürbis, 208

**C**

Cashewbutter, 68, 200

Cashewnüsse, 34, 66, 68, 80, 128, 132, 200, 206

Chia-Samen, 36, 44, 48, 60, 62, 84, 90, 92, 98, 122, 132, 144, 154, 160, 164

Chili, Poblano, 204, 208,

Chipotle-Chilischoten, 208

Chilipulver, 210, 212, 214, 216

Cranberrys, 188

**D**

Datteln, 54, 58, 102, 104, 106, 108, 124, 128, 130, 138, 142, 144, 146, 148, 150, 162, 198, 200

**E**

Eier (Eiweiß, Eigelb), 34, 36, 38, 40, 42, 44, 46, 52, 54, 58, 60, 62, 64, 66, 74, 78, 80, 82, 84, 88, 108, 110, 120, 126, 148

Erdbeeren, 58, 64, 72, 130, 136, 138

Erdbeer-Extrakt, 196

**F**

Feigen, 108, 206

Fischsoße, 216

**G**

Ganache, 76, 80, 126, 128, 134, 136, 144

Gelatine, 142

Glühwein-Gewürzmischung, 134

**H**

Hähnchen, 210, 214, 216, 218, 220

Hanfmilch, 144, 146

Hanfsamen, 150

Haselnüsse, 44, 48, 52, 84, 92, 122

Heidelbeeren, 206

Heidelbeer-Fruchtaufstrich, 108

Himbeeren, 50, 82, 164

Honig, 34, 40, 44, 50, 52, 60, 62, 64, 66, 68, 72, 74, 76, 78, 80, 82, 84, 88, 90, 94, 104, 108, 112, 116, 120, 122, 128, 132, 134, 138, 152, 154, 158, 160, 164, 166, 168, 180, 184, 188, 190, 192, 194, 196, 198, 204, 206, 208, 216

Hühnerbrühe, 214

**I**

Ingwer, 188, 210, 212

**K**

Kaffeebohnen, 144, 158

Kakaobutter, 164, 172, 174, 184, 192, 196, 194

Kakaonibs, 36, 44, 90, 102, 110, 112, 146, 206

Kakaopulver, 40, 42, 46, 48, 54, 60, 62, 68, 72, 74, 76, 78, 82, 84, 92, 96, 100, 104, 106, 108, 128, 132, 138, 142, 144, 148, 150, 154, 158, 160, 168, 172, 182, 194, 198, 200, 210, 212, 214, 218, 220

Kardamom, 94, 210

Karotten, 220

Kirschen, 78, 84, 186

Knoblauch, 204, 208, 210 212, 214, 216

Kokoscreme-Konzentrat, 54, 76, 82, 104, 106, 172, 174, 182, 184, 192, 194, 196

Kokosfett, 54, 60, 72, 76, 78, 82, 84, 90, 94, 112, 172, 174, 182, 192, 194, 196,

Kokosmehl, 36, 40, 42, 44, 46, 50, 52, 54, 58, 60, 62, 64, 66, 68, 72, 74, 76, 78, 80, 82, 84, 90, 100, 106, 108, 120, 122, 174, 180, 184, 200

Kokosmilch, 34, 36, 38, 42, 44, 50, 52, 54, 58, 66, 68, 76, 80, 82, 88, 100, 106, 116, 120, 122, 124, 130, 142, 144, 146, 148, 150, 158, 160, 162, 164, 166, 168, 178, 204, 210

Kokosnuss, 118

Kokosöl, 34, 38, 40, 42, 44, 46, 52, 54, 58, 60, 62, 66, 70, 74, 78, 80, 82, 84, 100, 106, 108, 110, 120, 122, 128, 130, 132, 180, 188, 204, 208, 210, 214, 218, 220

Kokosraspel, 48, 60, 88, 100, 102, 106, 110, 128, 138, 180, 188

Kokosschlagsahne/Kokoscreme, 54, 106, 116, 118, 118, 126, 130, 132, 136, 138, 152, 184

Kokoszucker, 36, 46, 48, 52, 58, 60, 70, 90, 92, 96, 100, 106, 110, 112, 122, 126, 132, 144, 172, 174, 178, 182, 210, 212

**Kopfsalat, 206**

Koriandersamen, 220

Kreuzkümmel, 204, 208, 214

**L**

Lebensmittelfarbe, 62, 76, 152, 196

Leinsamen, 50, 68, 76, 96, 100, 110

Limette, 208

**M**

Macadamia-Nüsse, 48, 68, 76, 90, 98

Mandelblättchen, 176, 188, 218

Mandel-Extrakt, 180

Mandelmilch, 34, 52, 64, 74, 80, 106, 124, 162, 166

Mandelmus, 42, 76, 168, 198

Mandeln, 34, 40, 44, 48, 50, 58, 62, 70, 74, 78, 84, 90, 94, 96, 104, 108, 110, 112, 120, 180, 188

Matcha, 196

Muskatnuss, 220

**N**

Nelken, 94, 210

**O**

Olivenöl, 206

Orangenschale, 188

Oregano, 208, 212

**P**

Paprika, 208

Pekannüsse, 60, 100, 108

Pfeffer, 166, 220

Pfefferminzblätter, 82

Pfefferminz-Extrakt, 76, 152

Pfeilwurzelmehl, 34, 36, 40, 52, 54, 66, 70, 74, 80, 82, 90, 94, 96, 98, 100, 112, 120

Pistazien, 200

Probiotische Kulturen, 142

Proteinpulver aus Hühnereiweiß, 164, 174

Pseudo-Maisbrot, 38, 120

**R**

Rinderbrühe, 204, 208

Rindfleisch, 204, 208, 212

Rosenwasser, 66

Rosinen, 214

Rotwein, 134, 212

**S**

Salz (Himalaya-, Kräuter-, Meer- ), 34, 36, 38, 40, 42, 44, 46, 48, 50, 52, 54, 58, 60, 62, 64, 72, 74, 78, 82, 84, 88, 90, 92, 94, 102, 104, 106, 108, 112, 120, 122, 128, 130, 132, 138, 144, 154, 168, 178, 180, 188, 190, 192, 198, 204, 206, 208, 210, 212, 214, 216, 218, 220

Salzkaramell, 146, 176, 178

Sauerkirsch-Fruchtaufstrich, 84, 186, 218

Schinkenspeck, 178, 192, 198

Schmalz, 192, 210, 214, 218

Schwein, 212

Selleriesamen, 216

Senfpulver, 212

Sesam, 188, 214

Sonnenblumenkern-Butter, 102, 106, 132, 154, 190, 210

Stevia (Vanille), 34, 36, 38, 40, 42, 44, 46, 48, 50, 52, 54, 58, 60, 62, 64, 66, 68, 70, 72, 74, 76, 78, 80, 82, 84, 88, 90, 92, 96, 98, 100, 106, 108, 116, 120, 122, 128, 132, 142, 144, 148, 152, 158, 160, 168, 172, 174, 182, 184, 186, 192, 194, 196, 218

Süßkartoffeln, 210, 220

**T**

Tamarindenpaste, 210, 216

Tomaten, 204, 208, 214, 218

Tomatenmark, 208, 214, 216

**V**

Vanille-Extrakt, 54, 60, 62, 64, 66, 68, 70, 72, 76, 80, 82, 84, 88, 90, 100, 102, 104, 106, 112, 116, 128, 130, 132, 138, 144, 146, 148, 150, 182, 188

Vanilleschote, Schalen, 84, 94, 120, 124, 162, 166, 172, 174, 184, 190, 192, 196

**W**

Walnüsse, 42, 50, 96, 104, 114, 122, 130, 188

Weinstein, 36, 64, 88, 126

Weiße Schokolade, 66, 94, 96, 98

**Z**

Zimt, 36, 94, 130, 204, 208, 210, 212, 214, 220

Zitrone, 66, 80, 128, 132, 138, 164, 210

Zucchini, 46

Zwiebel, 204, 208, 210, 212, 214, 218

**Wir haben bevorzugt Bezugsquellen für Produkte genannt, die in Deutschland erhältlich sind. Sie erhalten sie überwiegend auch im gut sortierten Naturkost-Fachhandel.**

**Leckere Bio-Schokolade bei:**
www.vivani-schokolade.de
www.lovechock.com
www.zotter.at

**Anbieter von Kokos, Vanille, Gewürze & Co:**
www.madavanilla.de
www.virgin-coconut-oil.de
www.oelmuehle-solling.de

**Allgemein Gutes in Bio-Qualität:**
www.govinda-natur.de
www.rapunzel.de

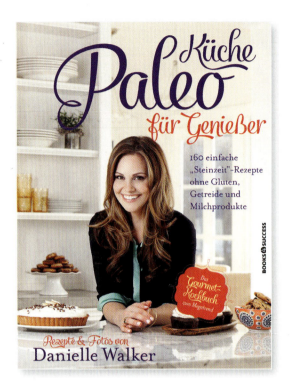

368 Seiten,
broschiert,
vierfarbig, mit vielen Abbildungen
24,99 [D] / 25,75 [A]
ISBN: 978-3-86470-175-7

## Danielle Walker:
## Paleo-Küche für Genießer

Das Gourmet-Kochbuch zum Megatrend Paleo: innovative, leckere und gesunde Küche. Danielles Rezepte sind kreativ und leicht nachzukochen – zahlreiche Fans schwören darauf. Dabei hat sie ihre Lieblingsgerichte aus der „Vor-Paleo-Zeit" nicht vergessen, sondern neu interpretiert – und dabei Getreide, Gluten, Milch und Ei weggelassen.

**BOOKS 4 SUCCESS**